MELANIE BREUER
FOTOS VON BODO MERTOGLU

LANDHÄUSER

Zeitgemäß wohnen nachhaltig bauen

DEUTSCHE VERLAGS-ANSTALT

INHALT

ALTE SUBSTANZ – MODERNES LEBEN

53

101

141

NEUES BAUEN IM GRÜNEN

VORWORT

Die Bedürfnisse des Menschen sind nicht statisch. Sie verändern sich und mit ihnen die Gegebenheiten unserer Zeit. Auch die Umwelt ist diesem stetigen Wandel unterworfen, was sich auf den unterschiedlichsten Gebieten bemerkbar macht – ebenso beim Hausbau. Viele Architekten haben verstanden, dass uns die von Mutter Erde gegebenen Ressourcen nicht endlos zur Verfügung stehen, und dies in ihre Projektplanung einbezogen. Ein ökologisch sinnvolles Baukonzept erfordert einen behutsamen Umgang mit Materialien und deren regenerativen Einsatz ebenso wie die Nutzung von erneuerbaren Energien. Auch die bewusste Entscheidung für langlebige Baustoffe spielt dabei eine Rolle. Nur mit Bedacht umgesetzte Bauwerke überdauern Generationen.

Generell sind alle Gebäude einem Lebenszyklus unterworfen. Architektur ist vergänglich, wenn sie nicht in den Kreislauf einer Weiternutzung eingehen kann. Eine rechtzeitige Sanierung wirkt dem Verfall entgegen, und in gewisser Weise stellt sie sogar die ursprünglichste Form von nachhaltigem Bauen dar, denn bereits vorhandene Substanz lässt sich so ganz einfach weiter nutzen. Historische Baustoffe können als Recyclingprodukte bei Umgestaltungen klug integriert werden und sorgen gleichzeitig für eine authentische Optik. Eine Maßnahme, die auch vom Denkmalschutz begrüßt wird, sofern die Ergänzungen originalgetreu und stimmig sind. Alte Häuser erzeugen aber auch immer ein Gefühl von Geborgenheit, das von einer ländlichen Umgebung noch unterstrichen wird. Gestresste Großstädter sehnen sich deshalb nach einem behaglichen Zuhause im Grünen. Weil der Baugrund in einigen dörflichen Gegenden ebenfalls knapp und teuer geworden ist, wecken verlassene Bauernhöfe, Scheunen und Mühlen heute verstärkt das Interesse der Naturliebhaber.

Überzeugend zeigen die porträtierten traditionellen Landhäuser, dass die überlieferte Struktur von Bestandsbauten mit einer modernen Auffassung von Wohnen und Leben konform gehen kann. Naturnahe Neubauten, bei denen durch den Einsatz unterschiedlicher Rohstoffe vielfach interessante Kontraste entstehen, runden das Buch ab. Alle Häuser bieten spannende Ideen für den Umgang mit den unterschiedlichen Materialien, ob alt oder neu. Ausgewählte Spezialthemen bringen weitere Anregungen für eine naturverträgliche Bauweise – sie veranschaulichen Möglichkeiten, können aber natürlich noch keine umfassende Bauplanung beinhalten. Für die individuelle Ausgestaltung empfiehlt es sich daher immer, den Rat eines erfahrenen Fachmanns einzuholen. Dabei sollte man möglichst auf ortsansässige Handwerksbetriebe zurückgreifen, die nicht nur mit der örtlichen Bauweise vertraut sind, sondern häufig auch lokale Erzeugnisse verarbeiten. Denn selbst in einer globalisierten Welt beginnen Nachhaltigkeit und regionale Wertschöpfung im Kleinen – mit dem eigenen Handeln.

ALTE SUBSTANZ – MODERNES LEBEN

Viele Menschen träumen von einem ruhigen Leben im traditionellen Landhaus. Ein respektvoller Umgang mit der historischen Bauweise ist dabei ebenso sehr erwünscht wie eine zeitgenössische Raumgestaltung.

INNOVATIVER UMBAU

Architektenscheune an der Ostsee

Als Kind war die alte Scheune von 1890 für Hayung Köhler ein Abenteuerspielplatz. Mutig kletterte er damals auf die Deckenbalken, um von dort ins weiche Heu zu springen. Viele Jahre später stellte sich der Architekt einer neuen Herausforderung und verwandelte das Anwesen unweit der Lübecker Bucht in einen modernen Lebensraum.

Anfang 2007 herrschte im Hause Köhler aufgrund des familiären Zuwachses erhöhter Platzbedarf. Zudem stand im Architekturbüro die Entscheidung an, sich räumlich zu erweitern. »Weil ich schon immer sehr mit der alten Hofstelle meiner Großeltern verwurzelt war, kam uns der Gedanke mit dem Ausbau der Scheune in den Sinn. Obwohl diese mit ihren rund 450 Quadratmetern eigentlich viel zu groß war, haben wir uns überlegt, dass sich ein Wohnhaus in Verbindung mit einer gewerblichen Nutzung rechnen könnte«, erklärt Hayung Köhler. Heute befinden sich darin noch eine Ferienwohnung sowie ein kleiner Behandlungsraum der selbstständigen Physiotherapeutin Odette Köhler.

Im Wandel der Zeit hat die Sierksdorfer Scheune die unterschiedlichsten Verwendungsarten erfahren: wurde hier zunächst Weizen eingelagert, fanden später Pferde, Schweine und Schafe eine neue Behausung. Die Großeltern des Architekten bauten einen kleinen Schuppen an, der vom damaligen Pächter mit zahlreichen Lochbohrungen für Regale versehen wurde. Diese unschönen Hinterlassenschaften an der Fassade galt es beim späteren Umbau vorsichtig zu entfernen. Um sich während seines Studiums etwas dazuzuverdienen, vermietete Hayung Köhler das Gebäude zwischendrin als Lagerraum und Unterstellfläche für Autos und Boote. Einige Jahre später wurde dann ordentlich entrümpelt – denn seine eigene Hochzeit stand vor der Tür. 2002 heirateten Odette und Hayung Köhler unter der alten Weide im Garten, und der frühere Pferdestall wurde zur Tanzfläche mit Tresen. Erst viel später wurde dann die private Sanierung richtig in Angriff genommen. Zunächst galt es, die Lochbohrungen an der Steinfassade wieder zu beseitigen. Die alten Ziegel sollten dabei aber unbedingt erhalten bleiben, weshalb die beiden Giebelseiten Stein für Stein abgetragen und zweischalig wieder aufgemauert wurden. Bei den Gebäudelängsseiten hat man anschließend eine aufwendige Fugensanierung vollzogen, d. h. alle Fugen mussten mit der Flex herausgeschnitten und danach sorgfältig wieder eingesetzt werden. Auch im Innenraum wurde vieles komplett eingerissen und danach in verbesserter Form wiedererrichtet. »Wir wussten aber genau, dass wir nur durch einen Neuaufbau einen gewissen Standard hinbekommen konnten, der statisch und energetisch unserer Vorstellung vom modernen Wohnen entspricht«, erklärt Hayung Köhler.

Weil die Familie damals noch in einer Wohnung im Bauernhaus nebenan wohnte, verbrachte sie während der Sanierung praktisch jede freie Minute auf der Baustelle: »Die Nähe war zwar gut für das Vorankommen, aber gerade darin steckte auch die Gefahr. Man hatte jeden Tag alles so dicht vor Augen, dass es oftmals kein Ende mehr nahm. Und weil wir viele Arbeiten selbst erledigt haben, hat es sich zwar ein wenig hingezogen, aber im Februar 2010 war es dann endlich so weit und wir konnten einziehen«, resümiert der Familienvater.

Das fertige Ergebnis ist ein sogenanntes Haus-in-Haus-Konzept, das mit einem Jahresprimärenergiebedarf von 40 kWh/m²a (KFW 40) die heutigen Anforderungen und Ziele der CO_2-Einsparung erfüllt. Ebenfalls ökologisch sinnvoll ist eine Kraft-Wärme-Kopplung sowie eine kontrollierte Be- und Entlüftungsanlage. Den ursprünglichen Stampflehmboden ersetzte der Architekt durch eine Stahlbetonsohle, wodurch auch das bestehende Feldsteinfundament der Innen- und Außenwände mit gefestigt wurde. Die offene Küche mit angeschlossenem Essbereich und Wohnzimmer ist im ehemaligen Hauptraum der Scheune untergebracht. Dort wurden früher die getrockneten, aber noch auszudreschenden Getreidegarben luftig gelagert. Auf der sogenannten Tenne wurde das Getreide teilweise auch gedroschen und später im Kornspeicher – dem heutigen Schlafzimmer des Ehepaars Köhler – in Schichten eingelagert.

Keine Frage, dass es bei einem Bauvorhaben dieser Größenordnung wichtig war, die laufenden Kosten möglichst gering zu halten. Dennoch trug der Bauherr stets Sorge, dass alle anfallenden Arbeiten gewissenhaft und stabil ausgeführt wurden, damit auch die nächste Generation noch viel Freude an ihrem Heim haben wird. Berufsbedingt erlaubte sich der Architekt natürlich die eine oder andere Extravaganz, wie die bis zu 2,70 Meter hohen, flächenbündigen Türen, die perfekt zur puristischen Wohnraumgestaltung passen. Typisch für seinen individuellen Planungsstil sind auch die harmonisch in die historische Fassade integrierten Panoramafenster, die viel Licht ins Innere lassen und eine großartige Aussicht auf die umliegenden Felder und Wiesen erlauben. Die moderne Fenstergebung soll dabei bewusst in Kontrast zu dem benachbarten, bereits vor über 25 Jahren kernsanierten Haupthaus stehen. »Doch gerade weil ich ja unbedingt diese besondere Mischung aus Alt und Neu haben wollte, hat uns der Umbau viel Nerven und natürlich auch Geld gekostet«, gesteht Hayung Köhler. Doch wenn frühmorgens die Sonne über dem Land aufgeht und er mit einer Tasse dampfendem Kaffee vor seiner Spielstätte aus Kindertagen sitzt, dann weiß er, dass sich auch dieses Abenteuer gelohnt hat.

»Die gewollte Mischung aus Alt und Neu beim Umbau war nicht immer leicht. Doch es ist aller Mühen wert.« *Hayung Köhler*

S14: Wo einst das Stroh bis hoch unter das Scheunendach gelagert wurde, befindet sich heute ein großzügig gestalteter, offener Wohn- und Essraum.

S16: Für die Fassade wurden antike Ziegel neu aufgemauert und moderne Fenster eingesetzt. Die Gebäudelängsseiten erhielten eine Fugensanierung.

S17 oben: Auf den extravaganten Sitzmöbeln in der ehemaligen Scheunenhalle fühlen sich nicht nur die vierbeinigen Hausbewohner sehr wohl.

S17 unten: Die alten Holzbalken dienen als Raumtrenner zwischen Küche und Wohnzimmer. Die Stahltreppe hat der Hausherr selbst entworfen.

S18: Die originellen Raumstrahler im Flur ergänzen das durchdachte Lichtkonzept des Hauses und bringen auch in dunkle Ecken viel Licht und Wärme.

S19: Große Fenster geben den Blick in die Natur frei. An kalten Tagen sorgt das Flammenspiel des Ethanol-Kamins für eine gemütliche Atmosphäre.

S20 links: Der schlichte Waschtisch mit dem formschönen Steinbecken unterstreicht das rustikale Ambiente des ehemaligen Scheunengebäudes.

S20 rechts: Neue Natürlichkeit: Mit dem vielen Holz harmonieren dezente Blumenarrangements und eine grüne Wandfarbe besonders gut.

S21: Über den Flur der Galerie gelangt man ins Schlafzimmer des Ehepaars Köhler. Dort befand sich in früheren Zeiten der Kornspeicher.

URSPRÜNGLICH UND MODERN

Bauernhaus im Schwarzwald

Dass denkmalpflegerische Werte und moderner Wohnkomfort durchaus Hand in Hand gehen können, zeigt die Renovierung eines historischen Bauernhauses im Herzen des Schwarzwalds. Neben traditionellen Holzelementen findet man hier auch viel Glas und Stahl, die sich harmonisch in die über Jahrhunderte gewachsene Architektur einfügen.

Zweieinhalb Jahre stand der Bauernhof von 1690 in Welschensteinach bereits zum Verkauf. Den Verantwortlichen der kleinen Gemeinde im Kinzigtal war bewusst: Wenn sich nicht bald jemand für die Instandsetzung des historischen Anwesens in Hanglage finden würde, drohte das alte Haus allmählich zu verfallen. Unterdessen suchte der Architekt Martin Focks aus Berlin schon länger nach einem alten Bauernhaus, das er für sich und seine Familie umbauen wollte. Ein Vorhaben, das er bereits zu Studienzeiten auf seine persönliche Lebenswunschliste geschrieben hatte. Weil Teile der Familie aus der Gegend um Offenburg stammen, zog es ihn bevorzugt in die baden-württembergische Region. Nachdem sich der Familienvater mehrere Objekte angesehen hatte, letztlich aber nichts Ansprechendes dabei war, entdeckte er schließlich den ehemaligen Laishof mit dem für Schwarzwaldbauernhäuser typischen auskragenden Dach – eine Konstruktion, die wirkungsvoll vor Witterungseinflüssen und zu viel Sonne schützt. Auch die mit Lehm verputzten Außenwände strahlen bis heute den Charme vergangener Tage aus. Zudem handelt es sich um ein Kulturdenkmal 2. Grades, das sogar über eine eigene Quelle und Brennerei verfügt. »Schon auf den Bildern im Internet erkannte ich das Potenzial, das in dem Gebäude steckte, und bin gleich am nächsten Tag hingefahren, um mir den Hof anzuschauen«, erzählt Martin Focks. Bereits die erste Besichtigung bestätigte die Vermutung des gelernten Zimmermanns, der aufgrund seiner umfassenden Ausbildung auch die vorhandene Bausubstanz richtig einzuordnen wusste. Schnell war er sich sicher: »Das ist es!« Neben dem passenden Wohnraum würde sich auf dem zehn Hektar große Anwesen ein weiterer Traum des Hausherrn erfüllen können: ein eigener Pferdestall samt Koppel direkt am Haus.

Nach elfmonatiger Renovierungszeit war das Haus im März 2005 bezugsfertig. Zuvor war die Familie bereits provisorisch in die alte Brennerei gezogen. »Wir haben immer versucht, die denkmalpflegerischen Werte herauszuarbeiten. Aus der Ferne sollte das Haus aussehen wie ein altes Gehöft, das sich harmonisch in die Landschaft einfügt. Beispielsweise haben wir keine Dachflächenfenster oder Gauben eingesetzt, weil das bei solchen Höfen fast nicht machbar ist. Man würde ihnen ihren Charakter wegnehmen«, erklärt Martin Focks. Aus statischen Gründen war zunächst die gewaltige Dachkonstruktion verstärkt worden, denn schließlich ist bei diesem Objekt allein die Dachfläche so groß wie bei anderen Häusern das gesamte Grundstück. Um sicherzustellen, dass die erforderlichen Holzarbeiten fachgerecht ausgeführt werden, vertraute der erfahrene Architekt auf die Mithilfe ortsansässiger Handwerksbetriebe. Die Fußbodendielen stammen aus dem benachbarten Sägewerk und wurden konisch zugeschnitten, um wie schon in früheren Epochen üblich den Verschnitt so gering wie möglich zu halten. Da bei älteren Gebäuden mit denkmal-

»Die offene Küche mit dem Blick ins Tal ist das Herzstück des Hauses.« *Martin Focks*

S22: Relikt aus vergangenen Tagen: Der waagrechte Holzbalken über der Küchenzeile ist noch original und wurde einst von Hand abgebeilt.

S25: In der geräumigen Küche mit darüber liegender Galerie genießt man dank großer Fensterflächen eine traumhafte Aussicht über Wiesen und Wälder.

S26: Eine kleine Besonderheit, die Besucher schon im Eingangsbereich auf die Pferdeliebe des Hausherrn hinweist, ist die traditionelle Stalltür.

S27: Im Badezimmer gibt es neben dem Kamin auch eine Sauna. Die Tür führt nach draußen zum Schwimmteich, der auch als Tauchbecken genutzt wird.

geschützter Fassade eine Außendämmung oftmals nicht infrage kommt, sorgt auch in diesem traditionellen Bauernhaus eine innen liegende Dämmung für einen ausreichenden Wärmeschutz.

Das Innere des etwa 280 Quadratmeter großen Gebäudes wurde komplett entkernt, ohne dabei die traditionellen Elemente zu zerstören. Die neuen Eigentümer öffneten die vormals zweistöckige, für Schwarzwaldhöfe typische Rauchküche, um den zuvor gerade mal zwei Meter hohen Räumen mehr Luft nach oben zu geben. Entstanden ist ein großzügiger, heller Wohn- und Essbereich, in dem man von dem großen Esstisch aus einen atemberaubenden Blick ins Tal genießen kann. Des Weiteren ließ der Hausherr neben einigen Glaselementen auch eine moderne Stahltreppe mit Holzstufen einsetzen, die zu einer darüber liegenden, umlaufenden Galerie führt. Eine kleine Bibliothek mit Relaxliege dient als Rückzugsort für entspannte Stunden. Das Büro wurde im ehemaligen Nussboden untergebracht, auf dem früher im Herbst die Nüsse und eine Etage darüber das zu feucht eingebrachte Heu getrocknet wurden. Für eine rustikale Stimmung in dem zeitgenössischen Ambiente sorgen die mehr als 320 Jahre alten Balken im Wohnzimmer. Eine Besonderheit ist auch deren natürliche Imprägnierung: Das Tannenholz wurde durch den Ruß in der Rauchküche so durchdringend geschwärzt, dass auch kein Holzwurm mehr in das Gebälk eindringen konnte.

Originell und außergewöhnlich zugleich ist das große, weitläufige Badezimmer mit integrierter Sauna und offenem Kamin. »Das ist eher so eine Art Nebenprodukt. Wir hatten ja nicht genug Raumhöhe, also mussten wir in die Fläche gehen«, erklärt Martin Focks die Planung des puristisch gestalteten Raumes inmitten der historischen Gegebenheiten. Neben der wärmenden Feuerstelle im Wellnessbereich gibt es draußen sogar noch einen hauseigenen Naturschwimmteich, der nach dem Saunagang als Tauchbecken für Erfrischung sorgt. Man spürt, dass den Hausbewohnern der Kontrast aus Tradition und Moderne wichtig ist: »Man will doch nicht wie im Museum leben, sondern im Hier und Jetzt. Das Alte muss sichtbar sein, aber immer kombiniert mit dem Neuen«, beschreibt Martin Focks sein individuelles Wohnkonzept.

S28 links: Der vormals landwirtschaftlich genutzte Laishof aus dem Jahre 1690 wurde bereits vor seinem Umbau als Kulturdenkmal 2. Grades eingestuft.

S28 rechts: Die nachträglich eingepassten raumhohen Fenster sorgen für modernen Komfort und bringen viel Tageslicht in den Wohn- und Essbereich.

S29: Die alte Substanz wurde erhalten, andere Bereiche mit modernen Mitteln behutsam ergänzt. Ein Schwimmteich macht die Naturidylle perfekt.

Schwimmteich und Naturpool

Grundsätzlich fühlt sich jeder in einem natürlichen Gewässer sehr viel wohler als im gechlorten Freizeibad. Deshalb erfüllen sich immer mehr Menschen den Traum vom Naturschwimmteich im eigenen Garten und schaffen dadurch neue Lebensräume für Pflanzen und Tiere.

NATURNÄHE — Für echte Naturliebhaber gibt es wohl kaum etwas Schöneres, als an einem lauen Sommerabend dem Zirpen der Grillen und Quaken der Frösche vom nahe gelegen Gartenteich zu lauschen. Und selbst diejenigen, die das romantische Schaukeln der Seerosen im Rhythmus des Wassers nicht sonderlich zu schätzen wissen und an heißen Tagen eher den Sprung ins kühle Nass bevorzugen, haben mit einem natürlichen Schwimmteich eine gesunde Alternative zum künstlich gechlorten Pool gefunden. Richtig geplant und gebaut, kann man sich daran sogar im Winter erfreuen und das ein oder andere beeindruckende Naturschauspiel beobachten.

ANGEBOT — Zunächst einmal gilt es, eine Entscheidung für das individuell richtige Gewässer zu treffen. Damit ist zum einen die Form gemeint: Während ein Schwimmteich von der Gestaltung mehr einem kleinen Badesee gleicht, erinnert der Naturpool von der Architektur her an einen klassischen Swimmingpool. Ein weiterer bedeutsamer Unterschied liegt in der Art der Wasseraufbereitung. Im Schwimmteich sind allein die speziell ausgewählten Pflanzen für die Reinigung des Wassers zuständig. Das von Natur aus leicht trübere Gewässer mit unterschiedlichen Sichtzonen braucht in der Regel eine größere Grundfläche, bietet dadurch aber auch ausreichend Platz für die heimische Fauna und Flora. Grundsätzlich sollte der Regenerationsbereich für Unterwasserpflanzen ebenso groß sein wie das gewünschte Areal zum Schwimmen, damit die permanente Reinigung ohne den Einsatz von entsprechender Technik erfolgen kann. Wichtig ist auch, eine Tiefe von mindestens zwei Metern einzuhalten, da es vor allem die Unterwasserpflanzen sind, die für sauberes Wasser sorgen. Diese entziehen dem Teich für ihr eigenes Wachstum Nährstoffe und beugen so einer Algenverbreitung vor. Und: Je tiefer ein Teich ist, desto kühler bleibt das Wasser im Sommer. Von Fischen als lebendiger Dekoration für den Schwimmteich wird ohne zusätzliche Filteranlage grundsätzlich abgeraten. Ihre Ausscheidungen beeinträchtigen die Klärwirkung, zudem fressen sie die notwendigen Kleinstlebewesen im Wasser und bringen so das natürliche Ökosystem ins Ungleichgewicht. Wer aber dennoch nicht auf Fische in seinem Teich verzichten möchte, sollte ihnen am besten einen eigenen, abgetrennten Bereich bauen, damit Mensch und Tier unabhängig voneinander die Vorzüge eines Gartenbiotops genießen können. Das klare Wasser von Naturpools benötigt dagegen ein eigenes biologisches Filtersystem und erlaubt, wenn überhaupt, nur schmale Pflanzzonen, die hauptsächlich der Verschönerung dienen. Allerdings kann man deshalb beim Bau eines solchen Badeplatzes von Beginn an mit einer geringeren Grundfläche planen. Inzwischen sind aber auch immer häufiger Mischformen zu sehen, bei denen die üppige Pflanzenwelt vom reinen Badeteich separiert wird.

STANDORT — Die Wahl des richtigen Platzes ist für den eigenen Gartenteich von großer Bedeutung, weil davon auch der erforderliche Pflegeaufwand abhängt. Vor allem Laubbäume sollten möglichst weit entfernt stehen, damit keine Blätter in den Teich fallen und ihn bei ihrem Zersetzungsprozess mit unerwünschten Nährstoffen anreichern. Die Installation eines Laubnetzes ist gerade in den Herbstmonaten hilfreich. Bei der Anlage eines Naturteichs ist zudem auf einen ausreichenden Abstand zum Nachbargrundstück sowie zur Straßenseite hin zu achten. Die entsprechenden Bestimmungen werden in den einzelnen Bundesländern unterschiedlich gehandhabt. Apropos Nachbarn: Nicht jeder wird sich für das sommerliche Quakkonzert im Garten begeistern. Daher sollte man aus Rücksicht gegebenenfalls vorher absprechen, welche Besucher im heimischen Gewässer allseits willkommen sind.

S30: Naturbelassen – anders als im gechlorten Pool reinigt sich das Wasser in einem Schwimmteich durch verschiedene Ufer- und Wasserpflanzen von selbst.

S33 oben: Wer träumt nicht davon, vom Wohnzimmer auf den eigenen Naturteich zu blicken und die heimische Terrasse als Badesteg zu nutzen?

S33 unten: Eine Randeinfassung aus Naturstein unterstreicht den natürlichen Charakter. Wer es passend mag, pflastert die Terrasse mit dem gleichen Material.

Ein Schwimmteich bedeutet natürliches Badevergnügen im heimischen Garten.

ÖKOLOGISCH GEDACHT

Alte Käserei in Holland

Nahe der niederländischen Metropole Utrecht, idyllisch an einem früheren Flussbett des Rheins gelegen, wurde die über 200 Jahre alte Geschichte eines Bauernhauses beim Umbau nicht überdeckt. Sehr bewusst hat man hier die historischen Merkmale der ehemaligen Käserei mithilfe moderner Akzente kreativ und natürlich in Szene gesetzt.

Der Kauf eines denkmalgeschützten Bauernhauses am Rande der Stadt Utrecht in Holland, direkt am Ufer des Kromme Rijn (dt. »Krummer Rhein«), erwies sich für den Unternehmer Eric Odenwald als absoluter Glücksgriff. Sogar ein eigener Bootsanleger ist vorhanden, der es der Familie ermöglicht, am Wochenende nicht mit dem Auto, sondern mit dem eigenen Schiff über den kleinen Seitenarm des Rheins bis in die Grachten des mittelalterlichen Stadtzentrums zu fahren. Doch bevor sich der Traum vom stadtnahen Wohnen auf dem Lande erfüllte, gab es viel zu tun. Die über 200 Jahre alte ehemalige Käserei befand sich in einem ausgesprochen desolaten Zustand. Fachkundige Hilfe kam vom ortsansässigen Architekten Jan Bakers. Sein Konzept sah vor, dass die erforderlichen Neuerungen die Spuren der Vergangenheit nicht verwischen, sondern diese vielmehr unterstreichen sollten.

Das Hauptgebäude beherbergt heute unter anderem die elegante Designküche und das Esszimmer samt einem ungewöhnlich langen Tisch, der vor langer Zeit ein Holzkasten im Dom von Utrecht war. Die am Umbau beteiligten Handwerksfirmen haben der Familie das besondere Einzelstück zum Einzug geschenkt. Ein offener moderner Kamin setzt dort einen interessanten Kontrapunkt. Im Stockwerk darüber liegen die beiden Kinderzimmer mit eigenem Bad. Ein schmaler Steg führt zum Schlafbereich der Eltern, dessen Besonderheit erst vom Wohnzimmer aus sichtbar wird. An dem Ort, wo einst die Tiere untergebracht waren, befindet sich seit der Renovierung ein fast 400 Quadratmeter großer Raum. Darüber und nur durch eine Glaswand abgetrennt liegt auf dem ehemaligen Heuboden das Schlafzimmer der Eigentümer. Bei der Verwandlung des einstigen Kuhstalls in ein Wohnzimmer mit Wohlfühlcharakter sollten die antiken, fast schwarzen Eichenbalken als atmosphärische Elemente erhalten bleiben. Diese führen bis zum Dachstuhl und werden immer noch von den typischen Betonsockeln getragen. Zusätzlich unterstützen geschickt angebrachte Eisenträger die Konstruktion.

Ebenso clever ist auch das Fenstersystem: Hier wurden die traditionellen Luken zunächst mit einer isolierenden Holzwand versehen, vor die man anschließend moderne Fenster mit Magnetöffnung gesetzt hat, die vor Wind und Kälte schützen. Noch raffinierter sind die kleinen, quadratischen Öffnungen entlang der Decke. Bei Tag sorgen sie für zusätzlichen Lichteinfall, abends leuchten die darin verborgenen Halogenstrahler wie Sterne am Firmament. Die einzelnen Ebenen sind fließend miteinander verbunden. Gläserne Flügeltüren, durch die der immer gleiche, glatt gegossene Betonboden verläuft, öffnen die Räume nach außen. Die gewünschte Nähe zur Natur ist auch am Badeteich vor dem Haus erkennbar und macht deutlich, dass eine zeitgenössische ökologische Denkweise und das geschichtsträchtige Ambiente eines alten Bauernhauses zusammengehen können.

S34: Im ehemaligen Stall ist heute das Wohnzimmer untergebracht. Zahlreiche Glaswände, -fenster und -türen betonen das großzügige Raumgefühl.

S36: Um die historischen Eichenbalken zu erhalten, wurden neue Eisenverstrebungen eingesetzt. Diese geben der Konstruktion Halt und Stabilität.

S37: Eindeutiges Prunkstück im Garten ist der beheizbare Naturschwimmteich. Ausgewählte Pflanzen sorgen für einen natürlichen Reinigungsprozess.

»Die Details tragen dazu bei, dass sich Menschen in einem Haus wohlfühlen.« *Jan Bakers*

S38 links: Was aussieht wie eine praktische Wanddurchreiche von Küche zu Esszimmer, ist in Wirklichkeit ein moderner offener Kamin.

S38 rechts: Im Flur macht eine kleine Stufe (links) das unterschiedliche Höhenniveau beim Übergang vom Haupthaus zum Stall deutlich.

S39: Lichtdurchflutet präsentiert sich die moderne Designküche im Hauptgebäude, die unmittelbar an den Essbereich mit dem großen Tisch angrenzt.

ZEIT FÜR NEUES

Bauernhof in Niederbayern

Ein sorgsam umgestaltetes Bauernhaus unweit der niederbayerischen Stadt Landshut macht deutlich: Wenn Tradition und Fortschritt aufeinandertreffen, kann durchaus eine absolut harmonische Verbindung entstehen – für die es sich sogar manchmal auch zu kämpfen lohnt.

Sich Zeit zu nehmen, ist Marco Burgmeier wichtig. Für den Architekten gilt dieser Grundsatz nicht nur hinsichtlich der Wünsche und Anforderungen seiner Bauherren. Auch für sein eigenes Leben hat er längst erkannt, dass es nur so funktioniert: »Man muss gewissen Dingen einfach den Raum geben, sich zu entwickeln, und manchmal muss man auch in sich selbst hineinspüren, ob es so wirklich stimmig ist. Oftmals ist es ein Prozess, das gesamte Ganze richtig zu verstehen. Und gerade das Material Holz hat unendlich viele Facetten und erzählt allein durch seine Bearbeitung schon eine interessante Geschichte. Sobald es für den Bau eines Hauses verwendet wurde, wird es immer Spuren aufweisen, vor allem solange ein Gebäude bewohnt ist«, glaubt der gebürtige Bayer.

Marco Burgmeier weiß genau, wovon er spricht. Vor ein paar Jahren hat er sich gemeinsam mit seiner Lebensgefährtin Miriam Golz darangemacht, das alte Bauernhaus seiner Großmutter in Mettenbach bei Landshut mit Unterstützung von Familie und Freunden größtenteils eigenhändig umzubauen. Da für das etwa 350 Jahre alte Anwesen keine Baupläne oder Skizzen mehr existierten, blieb dem Paar nichts anderes übrig, als die ursprünglichen Gegebenheiten des Holzhauses selbst zu erforschen. »Bei historischen Objekten möchte ich gern den Grundgedanken des Hauses erhalten. Früher war es meist nur der vordere Bereich, der von den Besitzern bewohnt wurde, der hintere Bereich diente als Stall. Schon damals hat man die verschiedenen Himmelsrichtungen in die Bauweise einbezogen, was erklärt, warum in alten Bauernhöfen oftmals die Wohnstube der erste Raum ist, der morgens Licht bekommt«, erklärt Burgmeier. Natürlich waren die Räume vergangener Tage wesentlich kleiner, als wir es heute gewohnt sind. Doch auch für diesen Umstand hat der Architekt eine gute Lösung gefunden, die Altes mit Neuem verbindet und es auf diese Weise erhält: »Man kann die alten Räume für unsere modernen Bedürfnisse erschließen. So haben wir beispielsweise zwei Zimmer mittels einer Spindeltreppe verbunden, was uns nicht nur mehr Fläche, sondern auch eine andere Art von Wohnkomfort ermöglicht«, meint der Hausherr. Er bezieht sich dabei auf das gleich links neben der Eingangstür gelegene Arbeitszimmer, von dem aus man über eine filigrane Stiege direkt in das gemütliche Schlafzimmer mit dem angrenzenden offenen Bad gelangt.

Ähnlich verhält es sich mit dem bis heute als Wohn- und Essbereich verwendeten Raum des ehemals landwirtschaftlich genutzten Anwesens: der traditionellen Stube. Hier wurde die frühere Küche – zumindest deutete die rußgeschwärzte Decke darauf hin, dass an dieser Stelle einst über offenem Feuer gekocht wurde – geschickt an das davor liegende Zimmer angeschlossen. Um dabei den kompletten Raum ohne Stützen zu halten, wurde ein fast sechs Meter langer Stahlträger eingezogen. Ein Element aus neuerer Zeit, das die alten Holzbalken

hervortreten lässt, sogar noch betont. Eine nach Marco Burgmeiers Plänen vom Schreiner gefertigte Küche ist heute das Highlight in dem modernen Ambiente. Weiß gelaugte Douglasien-Dielen geben dem Boden seine markante helle Farbe und unterstreichen die freundliche Atmosphäre, die nach der Renovierung im gesamten Haus zu spüren ist. »Auch mit den Holzböden wollten wir dem ursprünglichen Charakter des Hauses gerecht werden«, begründet der Architekt die Wahl des Baustoffs. Eine weitere Besonderheit ist das Spiel mit unterschiedlichen Materialien: Neben dem Holz der Fußböden und zahlreichen wieder freigelegten Ziegelmauern wurden die übrigen Wände mit atmungsaktiver Lehmfarbe gestrichen und einfach so belassen. »Die natürlichen Nuancen dieses Materials, das auch für ein hervorragendes Raumklima sorgt, sind einfach faszinierend. Wir fühlen uns gut damit. Weiß kann man es ja immer noch machen«, begründet Miriam Golz diese bewusste Entscheidung für mehr Natürlichkeit. Für die Einrichtung wählten die jungen Leute vorwiegend Holzmöbel, die zum Teil von Marco Burgmeier selbst entworfen und gebaut wurden.

Hin und wieder kann die geliebte Natur aber auch zerstörerisch sein – so geschehen im niederbayerischen Mettenbach. Einige Monate nach den Fotoaufnahmen wurde der kleine Ort von schweren Unwettern heimgesucht, die eine Schneise der Verwüstung hinterließen. Starke Regenfälle führten binnen Minuten zu heftigen Überschwemmungen und richteten verheerende Schäden an. Auch der Hof des Paares war betroffen: Fast einen Meter hoch stand das Wasser im Erdgeschoss und machte ein weiteres Bewohnen des Hauses bis auf Weiteres unmöglich. Mirjam Golz und Marco Burgmeier mussten vorübergehend wieder zu den Eltern ziehen. Allerdings lassen sich die jungen Leute von diesem persönlichen Schicksalsschlag nicht beirren. Sie wollen ihr lieb gewonnes Zuhause, in dem sie sich bereits sehr wohlfühlten, schrittweise wieder aufbauen, erneut unter Berücksichtigung vieler natürlicher Aspekte und ausgewählter Baustofffe. Aufgeben ist einfach keine Alternative. Manchmal muss man eben ein wenig länger kämpfen, damit das Alte oder Zerstörte wieder in neuem Glanz erstrahlen kann.

S40: Absolut zeitgenössisch ist heutzutage der Einsatz von Lehmfarbe an den Wänden. Auf diese Weise wird ein natürliches Raumklima gefördert.

S42: Was von außen wie ein typisch bayerisches und traditionelles Holzhaus aussieht, verbirgt im Inneren so einige moderne Überraschungen.

S43 oben rechts: Miriam Golz und Marco Burgmeier wissen, dass ein altes Haus viel Arbeit bedeutet. Es lohnt aber, sich für seine Instandsetzung einzusetzen.

S43 unten links: Die neuen Holzfenster und -türen stehen in einem spannenden Kontrast zu dem dunklen Holz der historischen Hauswände.

S43 unten rechts: Unmittelbar mit der Architektur alter Bauernhäuser im Alpenraum verbunden sind die typischen Treppen, Stiegen und Balkone.

S44 oben: Das kleine, einst verschlossene Fenster (rechts im Bild) wurde beim Umbau freigelegt und dient heute als natürlicher Lichtpunkt über der Spüle.

S44 unten: Nicht nur die Bodendielen, auch die vom Schreiner gebaute Küche ist bewusst in Douglasie gehalten. Sie bilden so eine Einheit in dem offenen Raum.

S45: Helle Möbelstücke und Elemente aus Birkenholz harmonieren wunderbar mit der natürlich belassenen Lehmfarbe an den Wohnzimmerwänden.

»Möbel dürfen keine Fremdkörper im Raum darstellen, sondern müssen sich als besondere Einzelstücke harmonisch in das Gesamtambiente integrieren lassen.« *Marco Burgmeier*

S46 oben links: Das kleine Duschbad ist direkt an das Schlafzimmer angeschlossen und wurde mit Akzenten aus der Natur verschönert.

S46 unten links: Eine moderne Interpretation der klassischen Eckbank in Bauernhäusern ist diese Sitzgelegenheit aus natürlichem Holz.

S46 oben rechts: Über eine filigrane Spindeltreppe gelangt man vom unteren Arbeitsbereich direkt nach oben ins offene Schlafzimmer.

S46 unten rechts: Viel zu schön, um im Dunkeln verborgen zu bleiben: das alte Kellergewölbe, welches heute als Weinkeller genutzt wird.

S47: Traditionell ist die Stube der Mittelpunkt des Hauses. Das ist bis heute so geblieben, allerdings präsentiert sie sich nun als offener Wohn- und Essraum.

Baustoff Lehm

Über die Jahrhunderte hinweg wurde beim Bau von Fachwerkhäusern Lehm verwendet. Aufgrund seiner vielen natürlichen Eigenschaften erfreut sich das biologische Baumaterial auch heute immer mehr an Beliebtheit - und das sogar in den unterschiedlichsten Varianten.

WOHLFÜHLKLIMA — Lehm ist ein ökologischer Baustoff, basierend auf Ton und Sand, der ohne großen Energieaufwand unmittelbar aus der Natur gewonnen werden kann. Ein großer Vorteil neben der hervorragenden Wärmespeicherung ist, dass Lehm relativ schnell Feuchtigkeit aus der Luft aufnehmen und bei Bedarf wieder abgeben kann. Dadurch wird eine konstante Luftfeuchtigkeit erreicht, die gerade in Innenräumen ein gesundes Wohnklima erzeugt. Zudem kann das Naturmaterial aufgrund der enthaltenen Tonminerale Gerüche sowie in der Luft vorhandene Schadstoffe absorbieren und hält speziell bei alten Häusern das Holz trocken.

VERARBEITUNG — Wer sich für Lehmputz in den eigenen vier Wänden entscheidet, muss vor der Verarbeitung die Beschaffenheit des Untergrunds genau überprüfen. Dieser sollte nach Möglichkeit schmutzfrei sein und besonders glatte Stellen gilt es zuvor ein wenig aufzurauen. Das anschließende saubere Auftragen der Masse und ausreichend Zeit beim Austrocknen verhindern, dass später unschöne Risse oder aufgeplatzte Stellen auftreten. Diese können aber auch konstruktionsbedingt sein: Wenn Bauteile nach dem Verputzen noch ihr Volumen verändern, kann der Putz ebenfalls Schäden davontragen. Weil sich Lehmputz im feuchten Zustand gut verarbeiten und formen lässt, können auch beliebige Strukturen oder Muster mühelos eingearbeitet werden. Die Beimischung natürlicher Farbpigmente verleiht den Oberflächen den individuell gewünschten Ton. Und wer es noch natürlicher mag, kann die Masse sogar mit Stroh oder Pflanzenfasern veredeln, was auch zu einer besseren Bindung beiträgt.

FEUCHTIGKEIT — Sogar eine Verwendung im Badezimmer ist möglich, wenn man dabei ein paar grundsätzliche Dinge beachtet. Ein reiner, unversiegelter Lehmputz sollte nicht im direkten Spritzwasserbereich zum Einsatz kommen, da dann ein Durchnässen der Wände unvermeidbar ist. In angemessenem Abstand angebracht, kann der Lehm beispielsweise den beim Duschen entstehenden Wasserdampf aufnehmen und langsam wieder in den Raum zurückgeben. So herrscht auch im Bad ein angenehmes Raumklima. Ein positiver Nebeneffekt: Fenster und Spiegel beschlagen weniger.

STABILITÄT — Einen kleinen Nachteil hat Lehm aber dennoch: Weil er nicht ganz so hart ist wie herkömmlicher Putz, sollte man mit zu heftigem Bohren oder Hämmern vorsichtig sein. Doch auch hier gilt: Wenn zuvor sorgfältig gearbeitet wurde, kann in der Regel nichts passieren. So lassen sich Bilder und Regale problemlos aufhängen - nur bei sehr schweren Hängeschränken sollte eventuell über eine entsprechende Unterkonstruktion nachgedacht werden.

VIELFALT — Alternativen zum herkömmlichen Lehmputz sind grobe Lehmstreichputze oder feinere Lehmfarben, die ebenfalls zu einer Verbesserung des Klimas in den Räumen beitragen können. Beide Anstriche verfügen allerdings über eine geringe Lehmbindung und dienen daher mehr der Optik. Weil echte Lehmfarben schadstofffrei und gesundheitlich unbedenklich sind, ist auch bereits die Verarbeitung sehr angenehm. Aufgrund des sehr hohen Pigmentanteils verfügt Lehmfarbe über eine gute Deckkraft, weshalb meist nur ein Anstrich erforderlich ist. Lehm ist sehr lichtecht, was ein Vergilben oder Verblassen verhindert. Positiv anzuführen ist ebenso die starke Abriebfestigkeit - ein Grund mehr, dass sich auch Familien mit Kindern unbesorgt und lange an der neuen und natürlichen Wandgestaltung erfreuen können.

S48: Auch die Kombination von Wänden aus grobem Lehmputz mit einem lehmfarbig gestrichenen Untergrund kann ein stimmiges Gesamtbild ergeben.

S51 oben links: Wenn verputzte Flächen an Holzbalken grenzen, sollte der Putz besser direkt an der Kante eingeschnitten werden, damit keine Risse entstehen.

S51 oben rechts: Die natürliche Farbpalette der Lehmfarben ist vielfältig und reicht von erdigen Beige- und Brauntönen bis hin zu trendigem Terracotta.

S51 unten: Lehmöfen geben eine sehr angenehme Strahlungswärme ab. In geschwungener Bauweise mit Sitzbank sind sie ein optisches Highlight im Raum.

Eine natürliche Wandgestaltung mit Lehm verbessert die Wohnqualität.

ZIMMER MIT AUSSICHT

Brandenburger Scheunenhaus

Ein zusätzliches Geschoss und große Fenster sorgen in dem Scheunengebäude eines historischen Dreiseithofes in Brandenburg für ein luftig-leichtes Wohngefühl. Die natürliche Lebensart wird auch von den ausgewählten Baustoffen unterstrichen, die eine harmonische Verbindung mit den vielen traditionellen Elementen eingehen.

Die Rückkehr zu alter Behaglichkeit liegt voll im Trend. Es gibt zahlreiche Gründe, ein Haus mit historisch gewachsener Substanz weiter nutzen zu wollen, anstatt in einen modernen Neubau zu ziehen. Trotz eines gern auch einmal nostalgisch verklärten Blicks dürfen aber die Nachteile und Probleme, die so ein traditionelles Gemäuer mit sich bringen kann, nicht völlig außer Acht gelassen werden. Bedingt durch kalte und schlimmstenfalls sogar feuchte Außenwände bieten alte Häuser oft nur ein unbehagliches Raumklima. Dächer oder Holzbalkendecken können sich in einem schlechteren Zustand befinden, als bei der Besichtigung angenommen. Und wer bei einer Modernisierung den Grundriss verändern möchte, ist meist durch statische Gegebenheiten beschränkt oder hat nicht selten auch mit den strengen Auflagen des Denkmalschutzes zu kämpfen.

All dies galt es auch für Familie Haase zu beachten, als sie das Scheunengebäude eines alten Dreiseithofes in Brandenburg zum privaten Wohnhaus umbauen wollte. Während der vom Hausherrn initiierten zwei Jahre dauernden Entwurfs- und Planungsphase entstanden viele Ideen, deren wohlüberlegte Umsetzung dann zu einem besonders individuellen Ergebnis führte. Unterstützt wurde das Ehepaar Haase dabei von dem Berliner Architekten Peter Garkisch, der sich auf die detaillierten Vorstellungen der Hausbesitzer einstellen konnte, nicht vor der Verwendung historischer Baustoffe zurückschreckte und sich darüber hinaus auch mit traditionellen Lehmbauweisen auskannte. Die Grunderneuerung eines Altbaus ist eine komplexe Aufgabe – vor allem, wenn der Charakter des Hauses auf jeden Fall erhalten bleiben soll. Daneben gibt es aber noch einen anderen, sehr entscheidenden Punkt: Wer sich in seinen vier Wänden wohlfühlen möchte, sollte neben der richtigen Bauweise und einer geschmackvollen Einrichtung auch auf ein gesundes Wohnklima setzen.

Für die Umgestaltung des in Brandenburgs jahrhundertealte Kulturlandschaft eingebetteten Scheunenhauses galt es somit zahlreiche Kriterien zu beachten. Das Gebäude sollte zukünftig zwar an die vormalige Nutzung erinnern, dabei aber die neu hinzugekommene Funktion als Wohnhaus nicht verbergen. Heute erstreckt sich die Wohnfläche auf über 300 Quadratmeter und beinhaltet neben großzügigen Galerien zahlreiche, über mehrere Geschosse offene Bereiche. Auch die Wiederverwendung historischer Baustoffe spielte beim Umbau eine wichtige Rolle. So wurden auf Wunsch des Bauherrn für die Tragglieder zehn Meter lange alte Eichenbalken verwendet. Die Fassade greift mit ihren in der Region noch immer sehr verbreiteten roten Ziegeln, die vom Hausbesitzer selbst beschafft und herangetragen wurden, die ländlich geprägte Bauweise vergangener Tage auf. Im Inneren legten Architekt und Eigentümer viel Wert auf Natürlichkeit und verwendeten deshalb überwiegend Lehmputz. Der heute wieder sehr beliebte und umweltfreundliche Baustoff ver-

»Gerade für geschichtsträchtige Bauten ist eine sensible Planung besonders wichtig.« *Familie Haase*

S52: Das vormals eingeschossige Gebäude erhielt noch eine weitere Ebene dazu, ohne dabei die ursprüngliche Neigung des Satteldachs zu verändern.

S54: Ein Ofen in Lehmbauweise verschönert die offene Wohnküche ebenso wie die praktische, aus alten Ziegelsteinen gemauerte Kochinsel.

S55: Das großflächige Kastenfenster in der Küche wurde von einem örtlichen Tischler angefertigt und ist der absolute Blickfang in der ehemaligen Scheune.

fügt über zahlreiche positive Eigenschaften. Neben ihrer klimaregulierenden und wärmespeichernden Funktion können Lehmoberflächen sogar die Staubbildung in den Räumen minimieren. Weil Lehm aber nicht wasserfest ist, war eine unversiegelte Anwendung im Badezimmer nicht möglich. Deshalb kam hier, ebenso wie noch an einigen anderen Stellen im Haus, eine weitere, sehr besondere Wandbeschichtung zum Einsatz: Marmorino, aufgrund seiner italienischen Herkunft auch »Stucco Veneziano« genannt. Dabei handelt es sich um ein mineralisches Produkt aus Kalk, Marmorpulver und gelagertem Sumpfkalk, mit dem man auch schöne dekorative Effekte erzielen kann. Neben einer matten Struktur lassen sich durch Polieren aber auch hochglänzende, marmorähnliche Oberflächen herstellen. Wegen ihrer wasser- und schmutzabweisenden Eigenschaften und zeitlosen Optik wird die kunstvolle Spachtelmasse häufig in Bädern und Küchen eingesetzt. Für die genau durchdachte Ausgestaltung der Räume erstellte der Hausherr sogar ein eigenes Raumbuch für die Handwerker, in dem einzelne Materialien und Farben genau festgehalten wurden.

Besonderes Augenmerk legte Familie Haase auch auf die Planung der Fenster. Die von einem regionalen Tischler angefertigten, großflächigen Kastenfenster sind daher sicher das wohl markanteste Merkmal des Gebäudes. Sie öffnen die Architektur des Hauses, verleihen den Räumen eine optische Leichtigkeit, sorgen für ausreichend Lichteinfall und helfen dadurch auch bares Geld zu sparen. Denn je mehr Fensterfläche ein Wohnhaus hat, desto mehr profitiert man vom natürlichen Tageslicht und muss erst später auf den Einsatz von Lampen setzen. Gleichzeitig erlauben die großzügigen Öffnungen einen freien Blick in die wunderschöne Natur der näheren Umgebung. Auch dies wieder ein Vorteil, der sich aus dem Erhalt alter Häuser ergibt: Der Garten ist meist schon angelegt und die neuen Bewohner müssen nicht jahrelang warten, bis große Bäume Schutz und Schatten spenden. Erweitert durch einen eigens angelegten kleinen See, aus dem die Wärmepumpe für eine moderne Wandflächenheizung die notwendige Temperaturdifferenz aus dem Untergrund beziehen kann, ergänzen sich Neu und Alt hier zur perfekten Einheit.

S56: Der Blick vom Flur offenbart eine kleine Bibliothek mit Steinwand und Holzdecke, die zum genussvollen Schmökern in edlem Ambiente einlädt.

S57 oben: Eine Holztreppe führt hinauf ins Obergeschoss. Rustikale Holzbalken erinnern auch hier an die einstige landwirtschaftliche Nutzung.

S57 unten links: Stimmig ziehen sich die roten Farbakzente durchs Haus. Decken und Dielen aus altem Holz unterstreichen die natürliche Atmosphäre.

S57 unten rechts: Das rund gestaltete Fenster oberhalb der Wendeltreppe versorgt den vormals niedrigen und dunklen Raum mit zusätzlichem Licht.

S58: Dank des neu angelegten Gartenteiches, der für die Wärmepumpe der Heizung benötigt wird, beginnt das Naturerlebnis gleich hinter dem Haus.

S59 oben: Auf der Rückseite des Gebäudes verbinden sich historische Ziegelmauern harmonisch mit den neuen Holzelementen des Loggia-Anbaus.

S59 unten: Auch im Eingangsbereich mit dem kleinen Innenhof setzt sich der für diese Fassade charakteristische Material-Mix aus Stein und Glas fort.

VORAUSSCHAUEND

Bauernhaus im Bregenzerwald

Wenn traditionelle Baukunst auf zeitgenössische Formensprache trifft: Im österreichischen Bizau wurde ein 250 Jahre altes Bauernhaus mit modernen Elementen ergänzt, ohne dabei den ursprünglichen Charakter des historischen Gebäudes zu zerstören. Das Ergebnis ist eine Oase zum Wohlfühlen.

Auf den ersten Blick nur endlos weite, grüne Wiesen. Sachte ziehen sie sich die Hänge hinauf, bis sie weit oben an graue, schroffe Felsen stoßen. Wie kleine Kronen sitzen diese auf den malerischen Gebirgsköpfen. So atemberaubend schön präsentiert sich der Bregenzerwald seinen Besuchern. Den natürlichen Charakter der alpinen Region im österreichischen Vorarlberg unterstreicht die regionale Architektur: die kleinen Holzschindeln etwa, die seit vielen Jahrhunderten an die Fassaden der Häuser angebracht werden. Diese überlieferte Handwerkskunst ist bis heute in dem waldreichen Tal zwischen Bodensee und Arlberg erhalten geblieben. Und mittlerweile werden die dünnen Platten auch immer häufiger bei zeitgenössischen Bauten eingesetzt. Dies verdeutlicht: Hier will man ganz bewusst eine lebendige Brücke zwischen Tradition und Moderne bauen.

Bernd Frick hat sich das Wissen um den jahrtausendealten Werkstoff bewahrt und zeitgemäß angewandt. Der Architekt lebt mit seiner Frau Natalia und den drei Kindern Matthäus, Liam und Anouk in einem 250 Jahre alten Bregenzerwälder Bauernhaus in Bizau. Bevor aber die Familie 2010 ihr neues Heim beziehen konnte, musste nicht nur mit Unterstützung einheimischer Handwerker aufwendig renoviert werden. Es galt zunächst auch, die Hausherrin davon zu überzeugen, dass die Umnutzung eines einst landwirtschaftlichen Gebäudes durchaus die gewünschte Wohnqualität mit sich bringen kann. »Ich bin selbst auf einem Bauernhof aufgewachsen und weiß, wie kalt und zugig diese alten Häuser sein können«, begründet die studierte Betriebswirtin ihre anfängliche Skepsis. Doch überzeugt von der großen Erfahrung ihres Mannes in der Planung und Gestaltung von Neu- und Altbauten waren alle Zweifel schnell verflogen – und der neue, gemeinsame Traum vom modernen Leben im alten Bauernhaus nahm nach und nach Gestalt an. Bernd Frick sieht in der Sanierung seines Eigenheims sogar noch mehr: »Diese Häuser lassen Entwicklungen zu und sind so auch Häuser für mehrere Generationen. Natürlich war es eine schöne Aufgabe, am eigenen Heim zu bauen. Also weiterzubauen, was schon lange vor uns meisterhaft begonnen wurde. Deshalb achte ich sehr auf Details wie beispielsweise die neuen Holzfenster, die in der Größe der jetzigen Nutzung angepasst wurden. Auch der neue Eingang mit überdachter Übergangszone sowie die im ehemaligen Stadel integrierte Garage wurden eingefügt, ohne das Volumen zu zerstören. Der Hauptwohnraum in der Küche wurde durch die Entfernung einer Zwischenwand möglich. Zugleich ist so eine Art ‚Durchwohnen von Ost nach West' entstanden, dem Tagesverlauf der Sonne folgend«, erläutert der Architekt die markantesten Umbaumaßnahmen.

Neben den alten Holzwänden, die im Zusammenspiel mit neuen Elementen wie Sichtbeton und Glas für spannende Kontraste sorgen, ist auch die für Bregenzerwälder Häuser typische Kassettende-

cke in der Wohnstube erhalten geblieben. An einigen Stellen ausgebessert und gereinigt, fand sie ihren angestammten Platz im heutigen Wohnzimmer der Familie wieder. Doch nicht alle historischen Bauteile ließen sich so einfach bewahren. Die mittlerweile doch sehr in die Jahre gekommene Fassade musste komplett erneuert werden. Keine Frage, dass sich der heimatverbundene Bauherr wieder für die traditionellen Holzschindeln entschied. Statt der meist üblichen runden Form wählte Bernd Frick allerdings schmale, rechteckige Platten: »Diese gefallen uns nicht nur besser, sie schaffen auch eine schönere Verbindung zum sonst eher modernen, geradlinigen Ambiente in unserem Haus.« Eine zusätzliche Dämmung verstärkt die schützende Wirkung der neuen Verkleidung, die für wohlige Wärme in den Wintermonaten und ein angenehmes Raumklima im Sommer sorgt. Neben der enormen Größe und der ungewöhnlichen Lage des Anwesens senkrecht am Hang – Bregenzerwälder Bauernhäuser stehen in der Regel entlang zu diesem – zeichnet sich das Haus der Fricks durch eine weitere Besonderheit aus: den geräumigen Keller. Nicht nur, dass ein Keller um 1750, als das Anwesen erbaut wurde, keineswegs üblich war. Mit seinen rund drei Meter hohen Natursteinwänden erreicht dieser eine Höhe, die sich beim Umbau als entscheidender Vorteil herausstellte. So gelang es dem Bauherrn, die niedrige Raumhöhe in den darüber liegenden Stuben den heutigen Bedürfnissen entsprechend anzugleichen.

Heute fühlt sich die Familie in ihrem Eigenheim rundherum wohl, was der vorausschauenden Vorgehensweise von Bernd Frick zu verdanken ist. Er hat das 250 Jahre alte Holzhaus so sensibel aus- und weitergebaut, dass es sich nun wie selbstverständlich an die moderne Lebensweise der Familie anpassen kann. Die Lage des Hauses auf der kleinen Anhöhe mit spektakulärem Blick in die umgebende Berglandschaft tut das Ihre dazu, dass man gern an diesem schönen Ort im Bregenzerwald verweilen möchte. Und wenn Natalia Frick in ihrem großen Garten frische Kräuter und gesundes Gemüse anbaut, während ihre Kinder schaukeln, im Sandkasten spielen und fröhlich über die grünen Wiesen toben, streift ihr Blick gern hin und wieder zu den grauen Felsen am Horizont hinüber.

S60: Das 250 Jahre alte Bauernhaus wurde mit traditionellen Holzschindeln der Region neu verkleidet. Der Brunnen erhielt eine modernere Optik.

S62: Üblicherweise sind Bregenzerwälder Bauernhöfe entlang der Bergseite platziert. Dieses Haus wurde aber senkrecht zum Hang errichtet.

S63 oben: Die Veranda ist in den Sommermonaten einer der Lieblingsorte von Bernd, Liam, Matthäus, Natalia und Anouk Frick (von links nach rechts).

S63 unten: Rückseitig ist viel Platz für die Spielgeräte der Kinder, dahinter liegt der liebevoll angelegte Kräuter- und Gemüsegarten der Hausherrin.

S64: Die alte Stiege wurde durch eine neue Treppe ersetzt, von der aus das schöne Spiel mit den Materialien Holz, Glas und Beton sofort ersichtlich wird.

S65: Beim Betreten des Hauses präsentiert sich dem Besucher dank der riesigen Fensterfront im Flur sofort die spektakuläre Aussicht auf die Berge.

»Ein zeitgenössisches Interieur muss keinen Widerspruch zu einem Wohnhaus mit traditionellen Elementen darstellen.« *Natalia & Bernd Frick*

S66: Im Essbereich sind die schönen alten Holzwände erhalten geblieben. Großzügige Panoramafenster öffnen den Raum nach draußen.

S67: Moderne Designermöbel und die weißen Fronten der Schleiflackküche bilden einen sanften Kontrast zur natürlichen Wand- und Bodengestaltung.

S68: Das farbenfrohe Sofa setzt in der gemütlichen Wohnstube einen knalligen Kontrapunkt zu den Holzwänden im klassischen Stil.

S69 links: Mit nur wenigen Mitteln lässt sich selbst in der kleinsten Ecke ein minimierter, aber durchaus praktischer Heimarbeitsplatz einrichten.

S69 rechts: Aufwendig gestaltete Kassettendecken aus Holz haben eine sehr lange Tradition und sind vor allem im Alpenraum bekannt und beliebt.

Traditionelle Holzschindeln

Schindeln aus Holz für die Verkleidung von Dächern und Fassaden zu verwenden, hat vor allem im Bregenzerwald eine lange Tradition. Doch der natürliche Baustoff findet auch in anderen Regionen und sogar in der modernen Architektur immer mehr begeisterte Anhänger.

TRADITION — Seit Jahrtausenden wird Holz als Baumaterial für die Errichtung von Häusern benutzt. Mühsam wurde es einst mit einfachen Werkzeugen in grobe Scheite gespalten und immer weiter verschmälert, bis dünne Schindeln übrig blieben, mit denen man die meist hüttenähnlichen Häuser abdecken konnte. Vor allem im Alpenraum waren diese Legschindeldächer weitverbreitet. Darauf platzierte schwere Steine sollten verhindern, dass der Sturm die Dächer abdeckte. Doch auch an der windigen Küste griff man beim Bau von Windmühlen gern auf die klassischen Holzschindeln zurück. Erleichtert wurde dies durch die später übliche Befestigung durch Holznägel, hatte man doch zuvor noch die einzelnen Teile mit Lederriemen zusammengebunden. Im deutschsprachigen Raum wurde überwiegend Fichten-, Tannen- oder Lärchenholz verarbeitet, in entsprechenden Waldgebieten aber auch Eiche oder Buche.

HANDARBEIT — Als das Holz immer knapper wurde, lösten Ziegel und Schiefer die bis dahin sehr beliebten Schindeldächer ab. Inzwischen bieten aber viele Zimmereibetriebe die alte Handwerkskunst mit modernisierten Konstruktionen wieder an. Zur Dacheindeckung wird überwiegend die gespaltene Variante der Holzschindelmacher verwendet, bei der das Holz meist entlang der Faser zerteilt wird und dadurch in der ganzen Schnittlänge unzerstört bleibt, was die Schindeln langlebiger macht. Durch eine überlappende Anordnung der spaltrauen Flächen bei der Montage können Feuchtestau und Fäulnis vermieden werden. Kostengünstiger sind zwar die maschinell gesägten Schindeln, doch diese haben den Nachteil, dass sie weniger lang haltbar sind als die gespaltenen Modelle. Aufgrund der glatten, gesägten Oberfläche kann die Luft nicht optimal zwischen den verlegten Schindelreihen zirkulieren. Dächer mit den weniger gut zu befestigenden und dadurch wartungsintensiveren Brettschindeln, die nur gesägt wurden, sind inzwischen nur noch vereinzelt in Kärnten oder der Steiermark zu sehen.

OPTIK — Auch für die Fassadenverkleidung verwendete man schon in früheren Zeiten gern Holzschindeln. Neben der optischen Verzierung wurden diese vor allem als Wärmedämmung an den Häusern angebracht. Als Vorbild für diese Idee diente wohl Mutter Natur, denn man orientierte sich beim Verlegen am Federkleid der Vögel oder an den Schuppen der Fische. Obwohl Schindeln im unbehandelten Zustand ein Alter von bis zu 100 Jahren erreichen, kann eine zusätzliche Versiegelung (zum Beispiel Lein- oder pflanzliches Öl) aufgetragen werden, um das Holz vor witterungsbedingten Einflüssen zu schützen. Naturliebhaber wissen aber die natürlichen Eigenschaften wetterbeständiger Hölzer zu schätzen und vernachlässigen die Optik zugunsten echter Patina. Spezielle Lattenunterbauten ermöglichen heute auch den Einsatz zeitgenössischer Wärmedämmmaterialien. Rundungen und Ecken, wie sie häufig in der modernen Architektur vorgesehen sind, stellen bei einer Schindelverkleidung kein Problem dar.

VIELFALT — Rechteckige Holzschindeln werden in einer Vielzahl von Breiten und Längen hergestellt. Zu den wohl bekanntesten Sorten gehört die Rundschindel, die häufig an Bauten im Bregenzerwald zu entdecken ist. Hier benötigt man für die Fassadenverkleidung eines typischen mittelgroßen Wälderhauses etwa 60.000 Schindeln. Doch es gibt auch andere regionale Ausprägungen wie die Rhönschindel oder die Schwarzwaldform. Aufgrund ihrer öligen Inhaltsstoffe, die gut gegen Fäulnispilze wirken, finden auch immer mehr widerstandsfähige Hölzer aus Amerika den Weg nach Europa, beispielsweise Rot- und Alaska-Zedern oder auch kanadisches Lärchenholz, das schon seit Langem im Schiffsbau verwendet wird. Doch egal, welches Holz oder welche Form am Ende den Zuschlag erhält – mit einem bewährten Naturprodukt liegt man immer richtig.

S70: Traditionelle Schindelverkleidungen finden sich mittlerweile auch an Neubauten oder bei Sanierungen wieder. Häufig zu sehen ist die Rundschindel.

S73 oben links: Das klassische Legschindeldach hat sich in den Alpenregionen mit härtesten klimatischen Bedingungen bis heute bestens bewährt.

S73 oben rechts: In früheren Zeiten wurden zahlreiche landwirtschaftliche Gebäude mit gerade gespaltenen, »eckigen« Holzschindeln versehen.

S73 unten: Ländlicher Holz-Mix! Während das Wohnhaus wieder eine neue Schindelhülle erhalten hat, sind die alten Holzbretter an der Scheunenfassade geblieben.

Holzschindeln haben trotz härtester Beanspruchung eine lange Lebensdauer.

GELUNGENE SYMBIOSE

Moderne Tenne im Inntal

Neben einem traumhaften Bergblick kann man im Inntaler Bauernhaus der Familie Rechenberg auch ein Stück oberbayerische Baukultur entdecken. Hier wird einmal mehr deutlich, dass sich traditionelle Elemente aus längst vergangenen Tagen kunstvoll in einen zeitgenössischen Umbau integrieren lassen.

Wie eine eigene kleine Kunstinstallation wirkt der Raum durch seine Wände, die mit filigranen Holzkeilen gespickt sind – in beliebiger Abfolge aneinandergereiht. Viel Arbeit muss es damals gewesen sein, als vermutlich die Knechte und Mägde der einstigen Besitzer an langen Winterabenden gemeinsam in der Stube des mittlerweile fast 500 Jahre alten Bauernhauses in Nußdorf am Inn saßen und sorgfältig die kleinen Holzbolzen schnitzten. Im Grunde dienten sie aber nur dazu, den späteren Lehmputz besser an den Wänden zu befestigen. Die heutigen Hauseigentümer Joachim und Dorothea Rechenberg nennen sie augenzwinkernd »unsere Uecker-Wände«, erinnern sie doch ein wenig an die Nagel-Objekte des Künstlers Günther Uecker. Ganz bewusst haben die beiden dieses Zimmer zu seiner ursprünglichen Optik zurückgeführt und dann auch so belassen. Sie wollten das überall in dem historischen Gebäude zu findende traditionelle Kunsthandwerk bewahren. Zu den besonderen Schätzen in diesem Raum gehört auch die sogenannte Wasserburger Decke, eine Konstruktion aus Eichenholzbalken und -bohlen, die seit dem Umbau von extra geschmiedeten Eisenspangen gehalten wird, um die statische Sicherheit zu gewährleisten.

Der respektvolle Umgang mit der alten Bausubstanz war dem Unternehmerpaar, das berufsbedingt mehrere Monate im Jahr in Amerika lebt, von Beginn an wichtig. Mit der Entscheidung, sich das halb verfallene Anwesen zwischen Heuberg und Wendelstein als zweiten Wohnsitz neu herzurichten, wollten die Rechenbergs auch zu den Wurzeln ihrer Familie in Oberbayern zurückkehren. Und noch ein Grund führte letztlich zum Kauf: »Als wir das Haus bei einem Spaziergang im trüben Winterwetter entdeckten, konnte man nur erahnen, was für ein Schmuckstück sich hinter den Büschen und Bäumen verbarg. Dennoch spürten wir sofort den ursprünglichen Charme, der von dem früheren Bauernhof mit angegliedertem Stall und Tenne ausging. Schließlich waren es dann drei Faktoren, die für uns von Bedeutung waren: Blick, Block und Bachbummerln«, erinnert sich Joachim Rechenberg. Er erklärt seine 3-B-Philosophie so: »Der atemberaubende Blick auf die Berge war anfangs gar nicht ersichtlich, doch als wir uns durch das wilde Gestrüpp gekämpft hatten, waren wir sprachlos ob der Schönheit der Natur. Der Block, das ist die massive Holzwand zwischen Wohnteil und Tenne. Diese ist nur noch in ganz wenigen Landhäusern dieser Art erhalten geblieben, da sie nicht selten den Brandschutzmaßnahmen zum Opfer gefallen ist. Unsere Blockwand ruht zudem auf einem Sockel, der einst mit Bachbummerln – also von Hand zusammengetragenen Steinen aus dem nahe gelegenen Bach – errichtet worden war.«

Bevor die denkmalgerechte Sanierung mit Unterstützung des Münchner Architektenteams Peter Glöckner und Felix Gallist beginnen konnte, mussten allerdings erst die zahlreichen Bausünden der letzten 100 Jahre, wie beispielsweise nachträglich

angebrachte Holzbeläge, beseitigt werden. Das Konzept ging dahin, das ländliche Erscheinungsbild des Wohnhauses mit den für die Region typischen, zur Straßenseite hin ausgerichteten Balkonen nicht maßgeblich zu verändern, sondern lediglich zu modernisieren. Bis heute findet sich im Haus eine urige Wohnstube mit Kachelofen und passendem Mobiliar. Obwohl die dicken Steinmauern im vorderen Bereich bereits eine hervorragende Wärmedämmung darstellen, ließen die Rechenbergs eine zusätzliche Wand- und Bodenheizung einbauen – vor allem aus ästhetischen Gründen, aber auch um eventuell auftretender Feuchtigkeit vorzubeugen. Im weitläufigen Flur, dem sogenannten Fletz, entdeckten die Handwerker bei der vorsichtigen Freilegung des Mauerwerks zwei Türrahmen aus Tuffstein, die dank dieses Feingefühls erhalten werden konnten.

Um den hofseitigen Stall- und Tennenanbau als zusätzlichen Wohnraum nutzen zu können, erhielten beide eine neue innere Struktur, basierend auf den Naturmaterialien Holz und Stein. Sehr viel aufwendiger waren die Arbeiten in der ehemaligen Scheune, die sich möglichst fließend an den bereits bestehenden Wohntrakt anschließen sollte. Dazu ließen die Architekten das Gebäude zunächst komplett abtragen und ein Kellergeschoss betonieren. Anschließend wurde die Ständerkonstruktion der Reihe nach wieder aufgebaut – kein leichtes Unterfangen, obwohl die einzelnen Holzteile zuvor genau nummeriert worden waren, um sie später wieder an ihren angestammten Platz zurückzubringen.

Für mehr Lichteinfall über dem Essplatz mit der erhöhten Durchreiche sowie der dahinter liegenden, leicht abgesenkten Küche hat die Öffnung der Decke gesorgt, die zudem das großzügige Raumgefühl in der Tenne unterstützt. Eine moderne Belüftungsanlage schafft ein angenehmes Raumklima, ohne Zugluft oder Hitzestau in dem hohen Anbau zu erzeugen. Eine Besonderheit sind auch die speziell entwickelten, mit Holz furnierten Aluminiumlamellen, die an heißen Tagen die verglaste Westfassade verdecken und so vor zu viel Sonneneinstrahlung schützen. Optisch greifen sie den ursprünglichen Charakter der früheren Scheunenfassade auf und sind wie die freigelegten kleinen Holzkeile eine moderne Interpretation von Handwerkskunst am Bauwerk.

S74: Für die Glasfront im Wohnzimmer ließ der Hausherr einen speziellen Sonnenschutz aus verstellbaren Aluminumlamellen mit Holzfurnier anfertigen.

S76: Im Wohnbereich auf der großzügig erbauten Galerie, der ehemaligen Tenne, verspürt man heute ein besonderes Gefühl der Weite und Offenheit.

S77: Im nach oben geöffneten Essbereich ist die Durchreiche wie auf einem Podest platziert, dahinter liegt in einem leicht abgesenktem Raum die Küche.

S78 oben: Die moderne Gestaltung der Westseite lässt auf den ersten Blick nicht vermuten, dass sich dahinter ein fast 500 Jahre altes Bauernhaus verbirgt.

S78 unten: Ganz ursprünglich und mit den für die Region typischen, traditionellen Holzbalkonen präsentiert sich der historische Hof im Eingangsbereich.

S79: Die gewaltige Holzblockwand zwischen dem ehemaligen Wohnbereich und der Tenne steht noch heute auf einem stabilen Sockel aus Bachsteinen.

»Bei der Sanierung eines alten Bauernhauses ist es wichtig, neben allem modernen Komfort authentisch zu bleiben.« *Joachim Rechenberg*

S80 links: In ihrer einstigen Struktur und Form erhalten ist die schmale Stiege, die vom Flur in den oberen Bereich mit Schlaf- und Badezimmer führt.

S80 rechts: Beinahe wie ein eigener Ort der Meditation wirkt der kleine Raum mit der speziellen Wandstruktur aus filigran geschnitzten Holzkeilen.

S81: Die alten Holzwände im Flur strahlen Wärme aus. Mit dem passenden Mobiliar verstärken sie das Gefühl von Geborgenheit im eigenen Zuhause.

WOHNEN MAL ANDERS

Haus in einer hessischen Scheune

Im hessischen Groß-Bieberau befindet sich das außergewöhnliche Eigenheim von Frank Schönberger. Von der Form her einem Kubus ähnelnd, wurde der Betonbau mitten in die elterliche Scheune gesetzt. Hin und wieder ist eben der Ort, an dem man später einmal leben wird, näher, als man es sich als junger Mensch vorzustellen vermag.

Selten verläuft das Leben geradlinig. Wir lernen, mit den unterschiedlichsten Situationen umzugehen, die uns immer wieder Veränderungen mit neuen Sicht- und Handlungsweisen abverlangen. Ähnlich verhielt es sich vor ein paar Jahren bei Frank Schönberger. Im hessischen Groß-Bieberau wollte der Bauingenieur ein Eigenheim für sich und seine Familie errichten und suchte deshalb nach einem geeigneten Ort. Schnell war klar, dass sich sein Vorhaben gut auf dem Grundstück einer historischen Hofreite mit denkmalgeschütztem Fachwerkhaus verwirklichen ließe – schließlich war es seit Jahrhunderten im Familienbesitz. Die leer stehende Scheune aus dem Jahre 1914 bot ausreichend Platz für den geplanten ungewöhnlichen Neubau. Auch als die Genehmigung für das Vorhaben zunächst ausblieb, gab Frank Schönberger nicht auf, um dann schließlich doch gemeinsam mit der Darmstädter Architektin Chris Dähne sein Wunschobjekt zu verwirklichen: ein Wohnhaus in der Scheune.

Für die neue Wohnform entwickelte die erfahrene Baumeisterin das Konzept einer Stapellandschaft auf drei Ebenen, die in die Grundfläche der rund 340 Quadratmeter großen Scheune eingestellt wurde. Erst nach einer aufwendigen Entkernung, bei der zuvor die Balken des alten Fachwerkbaus gesichert werden mussten, konnte der Rohbau aus Porenbeton entstehen. Zwei Jahre arbeitete Frank Schönberger gemeinsam mit Familie und Freunden an dem »Haus im Haus«, bis es im Jahr 2006 endlich bezugsfertig war. »Das war ein ziemlich hartes Stück Arbeit, denn auf so einer Baustelle kann man ja keinen Kran verwenden. Nicht selten kam es vor, dass die Leute uns fragten, was denn da im Schutz der Scheunenwände passiert. Sie wunderten sich, warum abends in der alten Scheune noch Licht brennt – bis sie merkten, dass sich darin bereits ein komplettes Haus befand«, erzählt der Familienvater. Inzwischen bewohnt der Odenwälder mit seinem Sohn Lex etwa 170 Quadratmeter des gesamten Baus. Im vorderen und seitlichen Bereich befindet sich jeweils eine Mietwohnung mit 30 bzw. 40 Quadratmeter Grundfläche.

Der energetische Vorteil erstreckt sich aber auf alle drei Wohneinheiten, denn das neue Haus benötigt keine extra Isolation. Die dicken Scheunenmauern dienen als Klimapuffer und Schutzhülle zugleich. Wer befürchtet, dass es in dem modernen Ensemble zu dunkel sein könnte, der irrt: Dach- und Fachwerkverglasungen sowie bestehende Scheunentore gewährleisten eine großzügige Belichtung. »Aber niemals hätte ich geglaubt, dass ich eines Tages mal so nah am Ort meiner Kindheit leben werde. Dort, wo ich als kleiner Junge im Heu gespielt habe, sind mein Sohn und ich heute heimisch und zufrieden«, sagt Frank Schönberger. Manchmal muss man eben ein paar Mal abbiegen, um zu wissen, welcher Weg am Ende der richtige für einen selbst ist.

S82: Einst wurde in der Scheune das Heu gelagert. Heute befindet sich an eben dieser Stelle ein durchdachtes Wohnraumsystem auf drei Ebenen.

S84 oben links: Der freie Blick von der Küche in den offenen Wohnbereich unterstreicht die Größe der 130 Quadratmeter großen unteren Etage.

S84 oben rechts: Die weitläufige Galerie im Obergeschoss ist hell und freundlich gestaltet. Sie bietet ausreichend Platz für das eine oder andere Möbelstück.

S85: Entspannen mit besonderem Ausblick in die eigene Scheune. An dieser Stelle wird das »Haus-im-Haus«-Konzept besonders schön deutlich.

»Das alte Gebäude dient als Klimazone, Temperaturpuffer und Schutzhülle für das neue Wohnhaus.« *Frank Schönberger*

S86 oben: Der Neubau berührt nur im Untergeschoss den Bestand. Im oberen Bereich ist bei Bedarf noch genügend Raum für Erweiterungen.

S86 unten: Die Gefache des Fachwerkbaus wurden geöffnet und teilweise verglast, um dadurch mehr Licht in die vorher dunkle Scheune zu bringen.

S87 links: Viele der antiken Utensilien und Werkzeuge landwirtschaftlicher Herkunft werden auch heute noch bei der Gartenarbeit verwendet.

S87 rechts: Während im Inneren viele neue Elemente zu finden sind, wurde draußen der historische Charakter des alten Hofes liebevoll bewahrt.

Historische Baustoffe

Beim Umbau eines alten Landhauses schaffen historische Baustoffe viel Authentizität und bringen jede Menge Flair. Allerdings erfordert ihr Einsatz auch Geduld, denn ausgediente Rahmen oder wirklich echt antike Ziegel sind nicht immer ganz leicht zu bekommen.

TREND — Ein wenig fühlt es sich an wie eine kleine Zeitreise, wenn man den Hof von Ludwig Kandlbinder betritt. Überall auf dem Grundstück lagern antike Türen und Fenster, historische Eichenbalken, ausgediente Natursteine, seltene Dekorfliesen, schmiedeeiserne Zäune und vieles mehr. Allesamt Baumaterialien aus einer anderen, längst vergangenen Epoche, die »der Kandlbinder« mühevoll aus den entlegensten Ecken und sogar über die Landesgrenzen hinaus zusammengetragen hat. Gemeinsam mit seinem Neffen Andreas Herrmann betreibt er im oberbayerischen Hilperting einen Handel für historische Baustoffe. Diese finden heute nicht nur im ländlichen Bereich immer mehr begeisterte Abnehmer. Auch in den trendigen Shops der städtischen Einkaufsmeilen wird Altholz inzwischen gern für den Bau neuer Ladentheken sowie zum Auskleiden von Wänden eingesetzt, um einen rustikalen Charme in die modernen Metropolen zu transportieren. Allgemein zeigt man sich auf der Suche nach einem Stück Heimat, das für Behaglichkeit und Wärme in ansonsten eher kühlerem Ambiente sorgen soll.

HISTORIE — Der Recyclinggedanke ist an und für sich nicht neu. Gerade in Notzeiten wie beispielsweise nach dem Zweiten Weltkrieg, als Deutschland in Schutt und Asche lag, haben die sogenannten Trümmerfrauen sorgsam Stein um Stein aus den Ruinen geklopft, um das brauchbare Material beim Wiederaufbau von Gebäuden zu verwenden. Viele Jahre später schenkte man den Resten von Abbruchhäusern aber kaum noch Beachtung und entsorgte sie einfach auf den dafür vorgesehenen Deponien. Doch wenn Wohnraum knapp und teuer wird und Altbauten aufgrund dessen wieder als sanierungswert eingestuft werden, ändern sich schnell auch die Bewertungen – und die Jagd nach den alten Schätzen beginnt. Auf den Spuren der Geschichte wandelnd, nicht selten von den strengen Auflagen des Amtes für Denkmalpflege begleitet, freuen sich heute viele Bauherren über die erworbenen Materialien mit einem Hauch von Patina, die sich harmonisch in den alten

Bestand einfügen. Jahrhundertealte Baustoffe werden dadurch zurück in den Kreislauf geführt und erfüllen wieder eine Aufgabe. Und neben einer stimmigen Gesamtoptik trägt dieses nachhaltige Einkaufsverhalten auch dazu bei, die Ressourcen zu schonen.

ORIGINAL — Weil aber der Reiz, der von historischen Materialien ausgeht, für viele immer größer wird, gibt es inzwischen auch immer mehr Scharlatane, die interessierten Bauherren Repliken anbieten. Häufig erkennt man diese zumeist maschinell gefertigten Waren daran, dass sie – anders als echte Handwerkskunst – zu perfekt ausgearbeitet sind und also nur auf alt getrimmt wurden. Hilfestellung bei der Suche nach einem seriösen Händler vor Ort bietet unter anderem der Unternehmerverband Historische Baustoffe e. V. Doch selbst wenn man den passenden Anbieter gefunden hat, muss man gelegentlich sehr lange auf das gewünschte Objekt warten, denn alte Materialien sind selten und deshalb nur begrenzt verfügbar. Daneben gibt es auch Firmen, die ihre Produkte auf Basis alter Werkstoffe produzieren, beispielsweise Echtholzfurnier, das aus antiken Balken gefertigt wurde. Auf diese Weise kann dann doch noch ein wenig echte Historie ins traditionelle Landhaus gelangen.

ERHALT — Dass man sogar ganze Häuser abtragen und an anderer Stelle wieder aufbauen kann, zeigt das aus Niederbayern stammende private Wohnhaus von Ludwig Kandlbinder. Zwar passen die liebevoll mit Motiven aus der Innschifffahrt bemalten Balkone sowie einige andere architektonische Besonderheiten eigentlich nicht so ganz ins voralpenländische Landschaftsbild. Jedoch wurde auch auf diese Weise ein Stück alter Baukunst vor dem Verfall und Abriss bewahrt, damit es seine Geschichte nun eben andernorts weitererzählen kann.

S88: Antike Haus- oder Schranktüren, Holzvertäfelungen und Eisengitter eignen sich hervorragend für die detailgetreue Sanierung eines alten Bauernhauses.

S91 oben links: Mit ausgedienten Sprossenfenstern lassen sich heute nicht nur im modernen Landhaus neue dekorative Akzente setzen.

S91 oben rechts: Selbst ganze Häuser lassen sich abtragen und an neuer Stelle wieder aufbauen. So lässt sich der historische Charakter alter Baustoffe bewahren.

S91 unten links: Zu den besonderen Schätzen zählen antike Fliesen, die sich als markante Elemente in Wände oder Böden einarbeiten lassen.

S91 Mitte rechts: Althölzer für den Innenausbau von privaten Wohnhäusern oder sogar Ladengeschäften sind momentan sehr begehrt.

Seite 91 unten rechts: Die Spuren vergangener Tage sieht man auch auf alten Ziegeln, in die unter anderem regionale Herkunftszeichen eingebrannt wurden.

Historische Baustoffe entfalten
einen ganz individuellen Charme.

GELEBTE ERINNERUNG

Rustikaler Bauernhof in Baden-Württemberg

Mit der Restaurierung des traditionellen Schauberhofs im baden-württembergischen Bubsheim erfüllte sich Christa Schmieder einen persönlichen Traum. Bei der Ausgestaltung half ihr neben einem sicheren Händchen für Einrichtungsstile auch ihre große Vorliebe für die oftmals sehr spannende Historie alter Häuser.

Der österreichische Schriftsteller Stefan Zweig hat einmal gesagt: »Wer seine Wurzeln nicht kennt, kennt keinen Halt. Ich verspüre diesen Halt. Ich verdanke ihn meiner Heimat.« Auch Christa Schmieder ist sehr heimatverbunden. Deshalb machte sie sich auf die Suche nach einem kleinen Bauernhaus auf dem Land, das aber nicht im angesagten Italien, sondern in deutschen Gefilden stehen sollte. Dieses wollte sie möglichst originalgetreu renovieren, um es später auch als originelles Ferienhaus vermieten zu können. Im Februar 2011 entdeckte sie in der Zeitung den Schauberhof in Bubsheim. Die kleine Gemeinde, mitten im Naturpark Obere Donau gelegen, war der Familie nicht unbekannt: »Wir haben hier schon einige gemeinsame Urlaube verbracht. Im Sommer kann man tolle Wanderungen machen, während der Wintermonate erwarten einen auf der Schwäbischen Alb zahlreiche Langlaufloipen«, erzählt die gebürtige Schwarzwälderin. Und auch wenn sowohl die Fassade als auch das Innere des alten Bauernhauses ihre besten Tage bereits hinter sich hatten, wusste Christa Schmieder sofort, dass sich aus dem historischen Gebäude von 1747 etwas machen ließe. Nur zwei Monate später, nachdem ein Sachverständiger den Dachstuhl geprüft und sie ihren Mann von der Einzigartigkeit des Hofes überzeugt hatte, kaufte sie es und überlegte gemeinsam mit dem Architekten Dr. Stefan Blum, wie man die Historie des Hauses bei der Sanierung am besten herausarbeiten könnte.

Der Schauberhof war von jeher kein rein landwirtschaftlich genutztes Anwesen, sondern vielmehr eine Mischung aus Bauernhaus und Drechslerei, was man heute unter anderem noch an den überaus fein gestalteten äußeren Giebeln erkennen kann. »Weil die Leute in dieser Gegend sehr arm waren, war es früher üblich, dass die Männer im Sommer zum Arbeiten weggingen, beispielsweise in die nahe gelegene Schweiz, in die Alpen oder in den Schwarzwald. Meist waren sie dann ein halbes Jahr unterwegs, damit sie ihre Familien ernähren konnten. Nach ihrer Rückkehr waren sie in der eigenen Drechslerei tätig, um die dort gefertigten Waren anschließend zu verkaufen. Die übrige Zeit widmete man sich der Landwirtschaft«, erklärt die Hobby-Historikerin. Pläne und Skizzen aus dem Jahr 1899 bekunden zudem, dass der hintere Bereich des Gebäudes erst später hinzugekommen ist.

Innerhalb von nur einer Woche war alles entkernt sowie die aus Tannenzapfen, Korn und einigen toten Mäusen bestehende alte Isolierung entfernt. Am liebsten arbeitete Christa Schmieder, die selbst die Bauleitung übernahm, dabei mit ortsansässigen Handwerkern, weil diese meist mit den alten Baustoffen aus der Umgebung vertraut sind oder wissen, wo man die passenden neuen Teile findet. Heute gelangt man über Kolbinger Fliesen in den Flur des Hauses. »Da habe ich den Vorbesitzer lange genervt, weil ich wissen wollte, welches Material hier früher verwendet wurde. Er erzählte mir schließlich,

dass er sich an die aus dem Nachbarort stammenden Platten erinnern könne. Die alten Steine bekommt aber leider nur das Kloster Beuron, wo die Fliesen ja ab und zu mal ausgetauscht werden müssen. Also blieb mir nur die neue Ware, die aber auch schön ist«, erzählt die Hausherrin. Weil der Fliesenboden in diesen Häusern früher nur mit einem Birkenreisigbesen gereinigt wurde, steht ein solcher – neben einem modernen Staubsauger – natürlich auch im Schuppen. Ähnlich verhielt es sich mit dem grünen Kachelofen in der gemütlichen Wohnstube, den die Bauherrin über einen Händler für historische Baustoffe fand. Spannend wurde es beim Freilegen der alten Wände. Ein absolutes Wagnis, denn niemand wusste, was sich hinter den zahlreichen Tapetenschichten verbarg. Eine Vermutung war, dass sich das alte Fachwerk aus dem Obergeschoss auch im unteren Bereich befinden könnte. Doch es kam viel besser: Beim Aufklopfen der Mauern in Wohnstube und Küche kam eine wunderschöne Natursteinwand zum Vorschein. Mit Resten alter Holzdielen aus dem ersten Stock wurden die Decken im unteren Wohnbereich ausgekleidet, was den einzelnen Räumen zusätzlichen Charme verleiht. Besonders stolz ist die Hausherrin auf die rußgeschwärzten Originalbalken im Flur, die noch aus einer Zeit stammen, als der Speck innen zum Räuchern über eine offene Feuerstelle gehängt wurde. Bis heute kann man an ihnen den Rauch von damals riechen. Im ehemaligen Stallanbau fand eine praktische Sommerküche ihren Platz. Das absolute Highlight des Hauses ist das Badezimmer im früheren Kuhstall, inklusive der erhalten gebliebenen steinernen Tränken.

Traditionsbewusstsein ist Christa Schmieder aber nicht nur bei der Sanierung wichtig. Neben dem silbernen Kreuz, das seit über 100 Jahren mitsamt der kleinen Döschen und Kerzenhalter in der Familie des Vorbesitzers als Utensilien für die Letzte Ölung verwahrt wurde, ist auch der »Kramer Bulldog« aus dem Jahr 1954 im Schuppen des Hauses verblieben. Kaum verwunderlich, dass die neue Eigentümerin des Schauberhofs bei so viel Liebe zur Historie bereits nach einem weiteren alten Bauernhaus sucht, das sie ebenso detailgetreu renovieren möchte. Dieses Mal aber mitten im Schwarzwald – ihrer Heimat.

S92: Die antiken Holzdielen und -türen durften nach einer gründlichen Säuberung im Bad verbleiben. Ebenfalls noch original: der alte Stalllehmboden.

S94 links: Mit viel Liebe zum Detail und der Historie des alten Gemäuers hat die Hausherrin auch die neuen Möbelstücke für ihr Zuhause ausgewählt.

S94 rechts: Die rußgeschwärzten Balken im Flur unmittelbar neben der Treppe ins Obergeschoss erinnern an die traditionellen Rauchküchen.

S95 unten: Einzigartig ist das »Stallbad« mit der originalen Futterkrippe für die Heueingabe sowie den Trinkkuhlen der früher hier untergebrachten Kühe und Ziegen.

S95 oben: Für die Einfahrt wurden die sogenannte Katzenköpfe, gebrauchtes Natursteinpflaster verwendet. Der Garten wurde nach altem Vorbild angelegt.

S96: Zur bäuerlichen Tradition gehören diese Fundstücke christlicher Herkunft. Sie wurden einst im Haus zum Verabreichen der Sterbesakramente aufbewahrt.

S97 oben: Unter dem Kalkputz zeigte sich die Natursteinwand von 1747. Braune Ledersofas und dunkle Holzmöbel ergänzen heute das historische Ambiente.

S97 unten: Ein handgefertigter, 225 Jahre alter Kachelofen, der von der Besitzerin nachträglich eingefügt wurde, sorgt für behagliche Wärme in der Wohnstube.

»Modernes Wohnen und eine sehr traditionelle Optik lassen sich hervorragend miteinander kombinieren, weil sie sich gerade im ländlichen Bereich hervorragend ergänzen.« *Christa Schmieder*

S98 oben links: Nostalgische Accessoires machen uns glücklich – und lassen manchmal auch Erinnerungen an die eigene Kindheit wach werden.

S98 oben rechts: Für die alten Holzfensterbänke hat Christa Schmieder die passenden Dekorationselemente im ländlichen Stil gefunden.

S99 oben: Die frühere Werkstatt, die heute als Loggia genutzt wird, wurde mit den nur im Nachbarort vorkommenden Kolbinger Platten gefliest.

S99 unten: Die helle, gemütliche Landhausküche mit dem großen Esstisch bietet ausreichend Platz für Familie, Freunde und Gäste.

IM TREND: STILMIX

Limburger Mühle

Wohnen im Vintage-Stil ist derzeit sehr angesagt. Und hinter dem einen oder anderen Möbelstück verbirgt sich dabei auch eine ganz spannende Geschichte. Jenny und Stephan Steinebach können nach der detailgetreuen Renovierung und Einrichtung der historischen »Brückenmühle« nahe Limburg so einiges erzählen.

Ein Herz für Fundstücke hatte Jenny Steinebach schon immer. Egal, ob es sich um ausgefallene Mitbringsel von ihren vielen Reisen oder um seltene Flohmarktschätze handelt – die Hessin liebt einfach alte Möbel und nostalgische Accessoires. Sie kombiniert sie oftmals mit ganz verschiedenen, auch modernen Stilrichtungen, Materialien und Farben, von denen ihr Mann Stephan manchmal glaubt: »Das passt doch nie!« Doch am Ende entsteht ein harmonischer Gesamteindruck, der perfekt zum Wohnkonzept des Paares passt – dem trendigen Vintage-Look. Viele ihrer alten Möbel haben eine lange und spannende Vergangenheit. Ebenso das historische Sägewerkshaus, das Stephan Steinebach im Jahr 2005 in Niederbrechen nahe Limburg entdeckte. Die 1886 erbaute und unmittelbar am Ortseingang gelegene sogenannte Brückenmühle hatte lange Zeit leer gestanden und war mit ihren 6500 Quadratmetern Grundstücksfläche eigentlich viel zu groß. Doch für den Hobby-Handwerker wäre ein Neubau niemals infrage gekommen: »Mir gefiel der Charme, den so ein altes Gemäuer ausstrahlt. Außerdem mag ich die Großzügigkeit der Räume, die man in dieser Art und Weise in einem Neubau niemals vorfinden wird.«

Schon bei der ersten Besichtigung des ziemlich heruntergekommenen Hauses war klar: »Das wär's doch, da kann man was draus machen!« Vor allem der hohe, spitz zulaufende Raum mit den schönen alten Holzbalken im Dachgeschoss hatte es beiden angetan. Diese Balken wollten sie nach dem Kauf des Anwesens unbedingt erhalten und in ihr zukünftiges Wohnzimmer integrieren. Ebenso wie die damals noch grob verputzte Steinwand, die Stephan kurzerhand komplett abschlug. Bevor die neue Fugenmasse ihren Platz fand, kratzte Jenny mühsam alle verbliebenen Brösel aus der Wand heraus. »Mein Mann hat mir dann immer einen Bottich mit Spachtel angemischt, den ich mit einem alten Küchenmesser aufgetragen habe. Meist hat es dann immer rund vier Stunden gedauert, bis der Eimer leer war, und Stephan dachte wohl oft: ›Die wird doch nie damit fertig‹«, lacht Jenny. »Damals hatten wir ja beide noch nicht so viel Erfahrung in der Renovierung von Altbauten, und manchmal ging auch was in die Hose. Aber das ist ja meistens so«, erklärt Stephan Steinebach. Dennoch hat das Paar die meisten Sanierungsarbeiten selbst oder mithilfe von Freunden und Verwandten erledigen können.

Aufgrund der enormen Größe des alten Gemäuers war im ersten Stock noch genügend Platz für den Ausbau einer kleinen Mietwohnung. Doch was sollte mit dem zur Straße gelegenen Bereich im Erdgeschoss passieren? »Das große Fenster mit den leeren Räumen an der Vorderseite des Hauses wirkte auf die Leute wie ein kleiner Schandfleck. Obwohl wir schon längst im Haus wohnten und alles renoviert hatten, Gardinen an den oberen Fenstern hingen und auch regelmäßig Licht brannte, hieß es immer: ›Da wohnt ja niemand‹«, erinnert sich die junge Hausbesitzerin.

375gr Margarine

S100: Der alte Gesindetisch, der ursprünglich aus einem schottischen Schloss stammt, passt perfekt vor die hohe Steinwand im Wohnzimmer.

S102 links: Farbenfrohe Details wie das Geschirr finden sich als bunter Stilmix im nostalgischen Küchenregal des jungen Paares wieder.

S103: Gemeinsam für die Familie, Freunde und Gäste zu kochen, bereitet Jenny und Stephan Steinebach immer sehr viel Freude.

S102 rechts: Extravagante Accessoires haben in diesem Haus auf jeden Fall eine Daseinsberechtigung – und inzwischen ihren angestammten Platz.

Weil das Gebäude in früheren Jahren schon einmal als Gastwirtschaft genutzt worden war und zudem ein gut frequentierter Radweg direkt am Haus vorbeiführt, kam den beiden die Idee, die untere Ebene auch wieder gastronomisch zu nutzen. Das »Blütezeit« war geboren – ein kleines, immer nur an den Wochenenden geöffnetes Café. Jeden Samstag und Sonntag können die Besucher zwischen 10 und 17 Uhr vielfältige Speisen und Getränke genießen, angefangen von einem leckeren Frühstück bis hin zu den hausgemachten Torten beim Nachmittagskaffee. Ein echter Winterklassiker im Café Blütezeit ist der leckere Bratapfelkuchen nach Jennys Lieblingsrezept. Die farbenfrohe Einrichtung mit dem ganz individuell ausgewählten Porzellan und den unterschiedlichen Lampen sorgt für ein gemütliches Ambiente – ähnlich wie im eigentlichen Zuhause des Paares gleich unter dem Dach. Der große Garten mit dem herrlichen alten Baumbestand hinter dem Haus bietet zudem ausreichend Platz für außergewöhnliche Hochzeiten im Boho-Chic oder Country-Stil. Eine richtige Attraktion für Alt und Jung ist das kleine Zirkuszelt, das privaten Feiern einen besonders exklusiven Rahmen verleiht. Darin spiegelt sich auch die sichere Kreativität und Vielfältigkeit wider, mit der Jenny Steinebach ihre Veranstaltungen plant und ausrichtet.

Der mittlerweile angekommene Nachwuchs der beiden wird später in dem riesigen Haus und weitläufigen Garten mehr als genug Platz zum Spielen und Herumtoben finden. Die Hausherrin weiß, dass ihre spezielle Art des Dekorierens und Einrichtens sehr viel Geduld und handwerkliches Geschick erfordert. An vielen Dingen hat der Zahn der Zeit bereits genagt und es bedarf so mancher Schönheitsreparatur, bevor das gewünschte Möbelstück später in den eigenen vier Wänden oder im Café platziert werden kann. Gleichzeitig ist es aber genau das, was für sie den Vintage-Stil ausmacht: »Fast jedes Teil hat eine eigene, meist sehr besondere Geschichte, die man so in einem Laden nicht einfach kaufen kann.« Daher wird sie auch bei ihren nächsten Reisen sowie auf den Flohmärkten der Umgebung weiter nach schönen alten Dingen stöbern, die die Spuren vergangener Tage tragen und diese durch das passende Umfeld immer wieder neu offenbaren.

S104 links: Noch bevor das Paar in sein neues Zuhause einzog, hatte es bereits die passende Eingangstür gefunden. Sie stammt aus einer Kirche in Köln.

S104 rechts: Erst von der Gartenseite aus offenbart sich dem Besucher die enorme Größe des mehrgeschossigen ehemaligen Sägewerkshauses.

S105: Gleich hinter dem Haus liegt die Pferdekoppel, sodass Jenny Steinebach den schönen Tieren jederzeit schnell einen Besuch abstatten kann.

»Ein individueller Einrichtungsstil braucht manchmal ebenso viel Mut wie der Umbau eines alten Hauses.« *Jenny Steinebach*

S106 links: Vom Schlafzimmer aus, das in natürlichen Erdtönen mit hellen Akzenten gehalten ist, hat man einen direkten Zugang zum Nassbereich.

S106 rechts: Die frei stehende Badewanne bringt ebenso wie die gemusterten Fliesen und Dekorationselemente im Retro-Stil viel nostalgisches Flair.

S107: Das Café Blütezeit überrascht seine Gäste mit einem ausgefallenen Ambiente. Die alten Stühle haben kurzerhand einen bunten Anstrich erhalten.

NEU: HERBST/WINTER SPEZIAL
ZIMT & HASELNUSS
LATTE MACCHIATO

Gestalten mit Naturstein

Er gehört neben Holz und Lehm zu den ältesten Baumaterialien am Haus: Naturstein. In den letzten Jahren ist die Vielfalt der Formen und Farbausprägungen bei den Wand- und Bodenbelägen enorm gewachsen – und beruht dabei auf einer langen Handwerkstradition.

INDIVIDUELL — Zur Verschönerung von Garten und Terrasse ist Naturstein schon seit vielen Jahren äußerst beliebt, gibt er ihnen doch als Wegpflaster, Beeteinfassung oder Mauer sicheren Halt. Auch im Inneren ist das langlebige Naturmaterial längst nicht mehr nur in jahrhundertealten Kirchen oder teuren Villen wiederzufinden, sondern hat Einzug in die privaten Wohnhäuser von Normalverdienern gehalten. Selbst wenn das natürliche Produkt nicht zu den günstigsten Baustoffen zählt, macht sich sein Einsatz in jedem Fall bezahlt. Individuelle Eigenschaften wie Farbe oder Maserung lassen sich zum Beispiel hervorragend mit der traditionellen Landhausarchitektur verbinden. Die oftmals sehr kühle Oberflächenstruktur unterstreicht ein modernes Ambiente und kann für die spätere Verarbeitung an Wand oder Boden rau und unbehandelt oder abgeschliffen, sandgestrahlt und poliert werden.

FORMENSPRACHE — Wandverkleidungen aus Naturstein können als ganze Platten oder in Form eines Fliesenspiegels angebracht werden. Allerdings sollte im Vorfeld genau überprüft werden, ob sich das gewünschte Gemäuer für das höhere Gewicht dieser Steine eignet. Gleiches gilt auch für eine Verlegung auf dem Boden, egal ob das ausgewählte Material in Bahnen, Fliesen, Platten oder Pflaster aufgebracht wird. Statt starrer geometrischer Rechtecke und Quadrate sind auch runde Formen von Natursteinen möglich.

MOSAIK — Exzentrischer, aber bereits seit Urzeiten in unterschiedlichen Bauten und Stilrichtungen zu entdecken, sind kunstvolle Mosaiken. In der griechischen Mythologie gelten die neun Musen als die Beschützerinnen der Künste. Auch der Begriff »Mosaik« leitet sich vom griechischen Wort »Musa« ab. Einfache Kieselsteine formten ab etwa 500 v. Chr. die ersten Bodenmosaiken. Anders als bei ihren glatten Verwandten erzeugen die runden Natursteine eine Oberfläche, die sich von den geraden Linien der klassischen Fliesenverlegung unterscheidet. Generell lassen sich mithilfe der Mosaikkunst Rundungen, scharfkantige Ecken und Übergänge optimal gestalten.

VIELFALT — Die im deutschsprachigen Raum am meisten verbreiteten Natursteine sind Granit, Marmor, Sandstein und Schiefer. Dank der großen Palette an Farbschattierungen lassen sich mit diesen Baustoffen schon die unterschiedlichsten Effekte bei der Wohnraumgestaltung erzielen. Weil Naturstein eine sehr hohe Wärmeleitfähigkeit besitzt, kann dieser besonders gut in Kombination mit modernen Fußbodenheizungen verwendet werden – das senkt die Heizkosten. Am besten eignen sich dafür Kalkstein, Marmor, Sandstein und Travertin, der auch unter dem Namen »antiker Marmor« bekannt ist. Hochwertige Marmorfliesen sind dank ihrer wasserundurchlässigen, gut zu reinigenden Oberfläche ideal für Hausstauballergiker, da kein Schmutz in das glatte Material eindringen kann. Tierliebhaber dürfte es freuen, dass Schieferböden durch ihre Oberflächenstruktur rutschhemmend sind, sodass Hund und Katze unbeschwert herumtoben können. Aber Vorsicht bei zu langen Krallen: Diese können gerade bei Schiefer hässliche Kratzer hinterlassen.

PFLEGE — Generell sollten Natursteinböden aber keinesfalls mit einem ätzenden Reinigungsmittel behandelt werden, da dieses speziell bei weicheren Sorten die empfindliche Oberflächenstruktur zerstört und so unschöne Schäden entstehen. Neben der Verwendung im Badezimmer sieht man den natürlichen Baustoff, vor allem Granit, häufig auch als Arbeitsfläche in der modernen und hochwertigen Küche. Das geruchsneutrale Material unterstützt zudem ein gesundes Raumklima, was verdeutlich: Naturstein kann das Leben in allen Lagen bereichern.

S108: Wie kleine Kunstwerke schmücken die Buntschieferfliesen Wände und Boden im Bad. Weil keine Platte der anderen gleicht, ist jede ein echtes Unikat.

S111 oben: Kelheimer Auerkalk findet man oft an Häuserfassaden – und an dieser Wand. Ebenfalls Millionen Jahre alt: der Solnhofener Naturstein am Boden.

S111 unten: Ein Steinboden aus Muschelkalk eignet sich für Terrassen und Wege. Die Sockelverkleidung besteht aus frostbeständigem Wachenzeller Dolomit.

Naturstein im Haus ist ein lebendiges Material und erzeugt natürliche Eleganz.

ZEIT
FREI
FREI
ZEIT

DETAILVERLIEBT

Oberbayerischer Reiterhof

Holger Kalvelage und seine Frau Andrea träumten vom einem modernen Reiterhof in alten Gemäuern. Mit dem Kauf eines Bauernhauses nahe Wasserburg am Inn konnten sie diesen Wunsch realisieren und entdeckten neben der gemeinsamen Leidenschaft für Pferde auch die für den Charme alter Gebäude.

Die Liebe zu Pferden – wer sie entdeckt, kommt meist nicht mehr von ihr los. Ähnlich erging es Holger Kalvelage und seiner Familie auch mit ihrem Reiterhof in Soyen im Landkreis Rosenheim. »Es war Spontanliebe«, erinnert sich der Werbefachmann gern an die erste Besichtigung des stillgelegten alten Bauernhofs mit den umliegenden Wiesen und Wäldern. Idyllisch und ideal für das Vorhaben seiner Frau Andrea, hier als BRFV-anerkannte Pferdewartin einen Aktivstall zu errichten. Dieses Konzept kombiniert den natürlichen Bewegungsdrang von Pferden mit technisch ausgereiften, computergestützten Futteranlagen, nahe am Vorbild der Natur. Doch bevor dieser lang gehegte Wunsch der Kommunikationswirtin realisiert werden konnte, stand zunächst die Sanierung des in die Jahre gekommenen Bauernhauses an. »Wir hatten uns zuvor einige Objekte dieser Art angesehen und wussten daher, dass bei diesem die Grundsubstanz stimmte. Es war der erste Hof, der trocken war, ganz ohne diesen erdigen Fäulnisgeruch«, begründet der Geschäftsmann die Kaufentscheidung.

Beim Umbau vertraute Familie Kalvelage dem Rat des erfahrenen Wasserburger Architekten Richard Kröff. »Keine Frage, dass im Inneren alles renoviert werden musste. Die äußere Hülle sah aber ganz brauchbar aus – dachten wir«, erinnert sich Holger Kalvelage an die sorgfältige Überprüfung der Fassade. Nach und nach zeigte sich jedoch, dass viele Dinge im Rahmen von Renovierungsarbeiten in den 80er-Jahren geradezu »kaputt saniert« worden waren. Die schönen alten Sprossenfenster waren verschwunden, ebenso ein Teil der ursprünglichen Blendläden. Dass der umlaufende Balkon gar nicht zum traditionellen Haustyp der Region passte, lernte die Familie von ihrem Architekten: »Weil sich Richard Kröff in seiner Diplomarbeit mit den für diese Gegend typischen Hausbalkonen beschäftigt hat, konnte er uns bestens erklären, wie das Original ausgesehen haben muss. Schnell war klar: Bei unserem Haus passen die Balkone überhaupt nicht zum Baustil«, resümiert der Hausherr. Im Rahmen einer kompletten Dacherneuerung musste ein anderer, für das Raumklima bedeutender Sachverhalt geklärt werden: Dämmschutz – ja oder nein? Natürlich wollte die Familie das Haus auch energietechnisch auf den neuesten Stand bringen. Doch würde sich diese Maßnahme mit der bereits getroffenen Entscheidung, das Haus optisch in seinen ursprünglichen Zustand zurückzuversetzen, vereinbaren lassen? Auch hier wusste der erfahrene Architekt Rat, mit dem Ergebnis, dass der Wohnkomfort gesteigert und der Heizenergiebedarf des Altbaus deutlich reduziert werden konnte.

Von einem gewissen Ehrgeiz wird der leidenschaftliche Land-Rover-Fahrer Holger Kalvelage nicht nur bei seinen jährlichen Rallyes durch karge Wüstenlandschaften und unwegsame Bergetappen gepackt – Gleiches gilt auch für die Sanierung des alten Bauernhauses. Die Umgestaltung der alten

S112: In der ehemaligen Scheune befindet sich heute das Esszimmer mit Durchgang zur Küche, wo ein Betonblock als Tresen den Mittelpunkt bildet.

S114: Gleich daneben befindet sich ein gemütlicher Ort zum Lesen und Entspannen. Alternativ kann man auch die Bibliothek oberhalb der Treppe nutzen.

S115: Zur Galerie gehört ein weiterer Raum mit Sofaecke, der versteckt über dem Kaminzimmer liegt und deshalb von unten nicht einsehbar ist.

S116: Hoch oben auf der Galerie haben die Hausbewohner die Qual der Wahl: lieber gemütlich fernsehen oder den freien Blick in die Natur genießen?

S117: Der grobe Stampfbeton der Scheunenwände wurde im Flur lediglich an einigen Stellen ausgebessert und unterstreicht so den rustikalen Charme.

Scheune stellte für ihn aber eine neue Herausforderung dar. Mit diesem Vorhaben wollte er einen möglichst fließenden Übergang vom einst landwirtschaftlich genutzten Anbau zum inzwischen modernisierten Haupthaus schaffen. »Das äußere Holz war leider ziemlich marode und konnte nicht erhalten werden. Hier mussten wir neues Material einsetzen. Im Inneren wollten wir aber möglichst viel erhalten und übernehmen«, beschreibt der Familienvater die damalige Situation. So wurde die noch original verputzte Stallmauer lediglich an einigen Stellen ausgebessert. Heute ist sie ebenso wie das ausgediente Stalltor ein besonderer Hingucker in dem geräumigen Esszimmer. Daneben befindet sich ein kuscheliges Kaminzimmer, das aufgrund der bewusst eingezogenen Zimmerdecke und dadurch reduzierten Raumhöhe an Gemütlichkeit gewonnen hat. Darüber ist der Fernsehraum der Familie mit einer großen Glasfront untergebracht. Lange Holzbalken, die auch von außen gut zu erkennen sind, erinnern an die einstige Nutzung als Scheunenboden. Über einen schmalen Steg gelangt man zur Galerie mit offener Bibliothek, die nahtlos in die weiteren Privaträume des ehemaligen Bauernhauses übergeht. Damit kein innerer Bruch entsteht, befinden sich im Hauptgebäude zahlreiche dekorative Elemente wie das antike Wagenrad im Treppenhaus oder die rustikalen Balken im Eingangsbereich. Ein historischer Kachelofen im Untergeschoss spendet behagliche Wärme und erinnert an bäuerliche Traditionen und Werte.

»Eigentlich sind wir in eine Renovierung eingestiegen, die weiter gegangen ist als geplant. Anfangs glaubten wir, mit ein wenig frischer Farbe hier und da sowie kleinen Ausbesserungsarbeiten alles regeln zu können. Dann wurde das Projekt größer und größer. Aber auch nachhaltiger – und wir haben bis heute ein gutes Gefühl dabei«, gibt Holger Kalvelage stolz zu. Und zu Recht kann er behaupten: Der Umbau ist unter der Maßgabe erfolgt, den Charakter des alten Hofes nicht aus den Augen zu verlieren und ihn gleichzeitig sanft zu seinem ursprünglichen Aussehen zurückzuführen. Ein alter Reiterspruch besagt: Wahre Liebe ist, das Pferd so weit wie möglich artgerecht zu behandeln. Eine Weisheit, die sich eben manchmal auch auf ein altes Bauernhaus übertragen lässt.

»Erforderliche Neuerungen oder Veränderungen beim Umbau müssen zum ursprünglichen Erscheinungsbild eines Hauses passen.« *Holger Kalvelage*

S118 oben: Wenn aus Leidenschaft und Sachverstand ein Beruf wird: Reiterhofbetreiberin Andrea mit ihren vierbeinigen Lieblingen auf der Koppel hinter dem Haus.

S118 unten links: Nicht nur die Balkone, sondern auch die für die Region typischen Fensterläden ließ der Hausherr an der Fassade originalgetreu nachempfinden.

S118 unten rechts: Mehrere bequem ausgestattete Außenterrassen bieten ausreichend Platz für stimmungsvolle Abende mit der ganzen Familie am Feuer.

S119: Durch die große Glasfront kann man die Holzbalken im Inneren erkennen. Dies unterstricht den ursprünglichen Charakter des alten Gebäudes auch von außen.

Baumaterial Beton

Selbst wenn man es auf den ersten Blick nicht vermuten mag: Die charmant-traditionelle Anmutung eines Landhauses kann sehr wohl mit modernen Bauformen einhergehen. Das verbindende Element dieser Gegensätze: das natürliche Material Beton.

ARCHITEKTUR — Roh belassene Betonwände sind bereits seit Jahren ein fester Bestandteil der zeitgenössischen Baukunst. Ludwig Mies van der Rohe, einer der bedeutendsten Architekten der Moderne, kreierte im Jahr 1923 einen Entwurf für ein Landhaus aus Eisenbeton. Umgesetzt wurde das Projekt aber nie, vielleicht hätte man sonst schon viel früher festgestellt, dass sich die vielen positiven Eigenschaften von Beton harmonisch in ein natürlich geprägtes Wohnkonzept einpassen.

MATERIAL — Beton besteht aus den Rohstoffen Wasser, Sand und Kies. Vermischt mit Zement entsteht daraus das robuste Baumaterial, das aufgrund seiner Fähigkeit, Wärme zu speichern und Kälte abzugeben, im Sommer wie im Winter zur Entwicklung eines angenehmen Raumklimas beiträgt. Keine Frage, dass in den sowieso ruhigeren ländlichen Gefilden das Thema Schallschutz eine eher untergeordnete Rolle spielt. Dennoch kann eine Betonwand zum häuslichen Frieden beitragen, wenn beispielsweise Tochter oder Sohn gerade im Kellerraum das Schlagzeugspielen üben. Außerdem macht die Langlebigkeit von Beton ihn zu einem äußerst nachhaltigen Baustoff für Gebäude oder Anbauten, an denen auch nachfolgende Generationen noch ihre Freude haben werden.

BAUSTOFF — Gerade im Innenbereich liegt Sichtbeton derzeit absolut im Trend. Die hellgrauen bis anthrazitfarbenen Decken, Wände oder Treppen betonen die natürliche Schlichtheit, die von diesem einfachen Material ausgeht. Wichtig ist dabei eine sehr genaue Planung, beispielsweise für gewünschte Einbauten. Wenn der Beton einmal gegossen ist, lässt sich im Nachhinein nichts mehr ändern. Bei dieser reduzierten Raumgestaltung wird meist auf zusätzliche Elemente wie Geländer oder sogar Türen verzichtet. Ein eher offenes Wohnen dient ebenfalls dazu, die klaren Formen und Linien optisch nicht zu zerstören. Neben einem Betonblock als elegante Kochinsel können auch Arbeitsplatten, die am besten vom Fachmann auf das benötigte Maß zugeschnitten werden, zum besonderen Highlight in der Küche werden. Modern und puristisch wirken dünne Betonplatten, wie sie neuerdings an Fassaden oder sogar im Haus als extravagante Wand- und Kaminverkleidung zum Einsatz kommen.

ALTERNATIVEN — Eine Sichtbetonoptik lässt sich auch mit speziellen Effektfarben oder mineralischem Putz auf Kalk- und Zementbasis herstellen, mit denen man täuschend echte Akzente an die Wand bringen kann. Ebenfalls möglich: eine fein- oder grobkörnige, elastische Steinspachtelmasse, die gern als wasserabweisende Variante im Nassbereich eingesetzt wird. Gleichermaßen beliebt in diesen Räumen ist Marmorputz, auch als »Stucco Veneziano« bekannt, der aufpoliert eine sehr glatte Oberfläche bildet und dann sogar abwaschbar ist. Ein besonders robuster und daher ebenfalls für Fußböden geeigneter Betonspachtel ist der aus Frankreich stammende Beton Ciré, was übersetzt »gewachster Beton« bedeutet. Dessen fugenlose Oberfläche ist nach einer Versiegelung komplett wasserundurchlässig, weshalb er häufig in Küchen oder Bädern verwendet wird.

OUTDOOR — Auch auf der Terrasse ist das echte und nachhaltige Produkt immer öfter anzutreffen und dominiert mit seiner klaren Aussage den Außenbereich. Vor allem an Böden und Mauern sorgen die von selbst auftretenden Farbschattierungen für ein lebendiges Wechselspiel. Veredelt mit einer im Laufe der Zeit gewachsenen Patina wird deutlich, dass die Herkunft von Beton immer in der Natur zu suchen ist.

S120: Funktional geplante Betontreppen können in Verbindung mit einer sehr reduzierten Gestaltung eine Form von schlichter Eleganz widerspiegeln.

S123 oben links: Für den Einsatz in feuchten Räumen wie dem Bad wird die Oberfläche meist versiegelt. Ebenfalls möglich: ein spezieller Putz.

S123 oben rechts: Auch im Außenbereich, speziell für Terrassen und Anbauten, wird der Rohstoff immer beliebter. Passend dazu: viel natürliches Holz und Glas.

S123 unten: Gespachtelte Wände in Sichtbetonoptik sorgen für sehr feine und glatte Flächen. In Kombination mit Holz entsteht eine wohnliche Atmosphäre.

Als Gestaltungselement schafft Sichtbeton eine sehr pure Wohnästhetik.

INNERE WERTE

Schweizer Stallhaus

Im schweizerischen Scharans wurde ein modernes Wohnhaus in einen ehemaligen Kuhstall integriert. Dabei haben die Architekten großen Wert darauf gelegt, die äußere Hülle zu erhalten. Deren historische Bausubstanz offenbart sich im täglichen Umgang immer wieder neu als ein sehr ursprüngliches Erlebnis.

»Beton hat eine raue Qualität, die ich mag.« Diese klare Aussage, die einst von Zaha Hadid getroffen wurde, könnte man ebenso Jolanda Fazzone zuordnen. Wie die weltberühmte Architektin liebt auch die Schweizerin den natürlichen Baustoff mit seiner ganz eigenen Ästhetik. Nach beruflichen Stationen in Genf und Zürich zog es die studierte Übersetzerin, die heute im Kulturbereich tätig ist, zurück zu ihren Wurzeln im Kanton Graubünden. Von den Großeltern hatte sie im kleinen Dörfchen Scharans einen alten Stall geerbt, den sie zum modernen Zweitwohnsitz umbauen wollte, ohne dabei den ländlichen Charakter des über 200 Jahre alten Gebäudes zu zerstören. »Zunächst einmal habe ich lange nach einem passenden Architekturbüro gesucht, das einerseits über die Erfahrung auf dem Gebiet ›Bauen im Bestand‹ verfügt, zum anderen aber auch in der Lage war, den von mir gewünschten Stil umzusetzen«, erinnert sich Jolanda Fazzone. Noch ein weiteres Detail war der Bauherrin wichtig: »Oftmals werden bei Sanierungen von alten Landhäusern einfach die Fenster herausgeschnitten, um diese Flächen den zeitgenössischen Vorstellungen folgend zu vergrößern und mehr Licht ins Haus zu lassen. Das empfinde ich als eine Art Verletzung der bestehenden Bausubstanz. Beim Architekturbüro Gasser, Derungs konnte man sich aber von Beginn an vorstellen, dass die Hülle in ihrer historisch gewachsenen Form erhalten bleibt und durch einen modernen Einbau harmonisch ergänzt wird.«

Obwohl die Bündner Architekten bereits ähnliche Umbauten realisiert hatten, war die Raumdefinition für das neue, etwa 110 Quadratmeter große ›Haus im Haus‹ eine Herausforderung. So sollten die typischen Merkmale des ehemaligen Kuhstalls mit Heulager nicht nur äußerlich bewahrt werden, sondern auch im Inneren klar erkennbar sein, ohne dabei auf einen zeitgemäßen Komfort zu verzichten. »Uns war es wichtig, den alten Bestand zu respektieren, gleichzeitig aber auch eine neue, zeitgenössische Wohnsituation zu schaffen, die in ihrer Gesamtheit eine optische Verbindung eingeht. Dabei wurde das für den Wohnbereich zur Verfügung stehende Volumen aber nicht vollends ausgeschöpft, damit man den alten Stall immer noch spüren und sogar sehen kann«, erläutert der betreuende Projektleiter Michael Koch.

Nachdem der alte Heuboden und diverse Bretter im Stall entfernt worden waren, konzipierte das Team von Gasser, Derungs für das neue Erd- und Obergeschoss drei unterschiedlich große, jeweils miteinander verbundene Holzkuben, die ähnlich wie exklusive Möbelstücke in den Raum eingepasst wurden. Darin befinden sich im unteren Bereich das Entree mit Garderobe, Waschküche und Keller sowie ein weiterer, eigenständiger Block mit Gästezimmer samt eigenem Bad. Darüber liegen im dritten Kubus die Küche mit angeschlossener Speisekammer, ein offener Wohn- und Essbereich sowie ein weiteres Schlafzimmer mit Bad. Die Besonderheit

S124: Nicht wie ein Fremdkörper, sondern als eigenes kleines Kunstwerk fügt sich die massive Betontreppe in den Vorraum des Stallhauses ein.

S126: Ein Hauch von Mystik schwingt mit, wenn nach einem Regentag abends die Wolkendecke aufbricht und das Haus von innen erstrahlt.

S127: Die alte hölzerne Einfassung blieb in ihrer ursprünglichen Form bis heute erhalten und sorgt für ausreichend natürliches Licht.

dieser Konstruktion: Durch ihre Rückversetzung im Raum genießt man von innen eine freie Sicht auf die historischen Bruchsteinmauern und Deckenbalken. Zudem entstehen auf diese Weise warme und kalte Räume, die den Übergang von den durch eine moderne Bodenheizung angenehm temperierten Wohnräumen in das einstige Stallgebäude auch immer wieder deutlich fühlbar machen.

Heimische Hölzer sorgen für Wärme und Geborgenheit in den Zimmern, selbst wenn die Hausherrin diesem Naturmaterial anfangs ein wenig skeptisch gegenüberstand – schließlich sollte das Innenleben im Neubau nicht einer rustikalen Bauernstube gleichen. Doch auch hierfür fand das Architekten-Team eine Lösung: Die großzügigen Fensterflächen wurden in Lärchenrahmen eingepasst. Hell, leicht und modern wirken die Räume durch die weiß geölte Esche. Bei den Kuben kam Fichtenholz zum Einsatz, dessen anthrazitfarbener Anstrich die zeitgenössische Ausrichtung des Einbaus betonen und sich optisch zurückhaltend in die Hülle einfügen soll. »Inzwischen bin ich mit der Wahl des Baumaterials Holz sehr zufrieden. Die dunkle Farbe war anfangs vielleicht ein wenig gewagt, setzt jedoch einen weiteren spannenden Kontrapunkt im Haus. Besonders anspruchsvoll empfand ich das Miteinbeziehen der äußeren Hülle, also der sehr präsenten Holzbretter, die das Gebäude wie ein natürlicher Sichtschutz umschließen. Gemeinsam mit den Experten haben wir uns dann aber gegen zusätzliche Öffnungen entschieden, um die Stalloptik nicht zu zerstören. Zudem fühlt man sich durch diese Art von Einfassung irgendwie beschützt, fast wie in einem eigenen kleinen Refugium«, beschreibt die Bauherrin den Einsatz der neuen und alten Hölzer. Bei Bedarf lässt sich das ehemalige Scheunentor weit öffnen, um so mehr natürliches Tageslicht in den oberen Wohnbereich zu bringen.

Natürlich findet sich auch Jolanda Fazzones persönliche Vorliebe für Beton im Stallhaus wieder. Neben dem in Hartbeton gegossenen, geschliffenen und imprägnierten Boden erwartet den Besucher im Vorraum ein imposanter Treppenaufgang, der diesen wie eine große Kunstskulptur ausfüllt. Ganz bestimmt hätte dieser extravagante Akzent auch Zaha Hadid gefallen.

S128: Küche, Ess- und Wohnzimmer bilden in diesem Haus eine Einheit und werden optisch durch den markanten Betonfußboden miteinander verbunden.

S129: Bei Bedarf lässt sich das Stalltor auch öffnen. Die Glasschiebetür ermöglicht den Weg über die frühere Auffahrt nach draußen in den Garten.

S130: Homeoffice mit Flair. Das warme Holz im Inneren bildet einen starken Kontrast zum kühlen Stein der Außenwände, dem früheren Kuhstall.

S131 links: Der anthrazitfarbene Anstrich der Holzwände im Treppenhaus soll die moderne Ausrichtung des Umbaus zusätzlich betonen.

S131 rechts: Der Kubenneubau bietet genügend Platz für je ein Bad im Ober- und Untergeschoss. Geölte Esche sorgt für Leichtigkeit in den Räumen.

»Die traditionellen Werte sind in meinem Haus nur eine Türöffnung vom modernen Wohnraum entfernt.« *Jolanda Fazzone*

NEUES BAUEN IM GRÜNEN

Die Umwelt schonen und für spätere Generationen bewahren: Naturmaterialien entsprechen unserer Vorstellung von einem gesunden Leben in Balance und ermöglichen eine ökologische Wohnqualität.

GUTES KLIMA

Gewächshaus in Sachsen

In Medingen nahe der sächsischen Landeshauptstadt Dresden wohnt und arbeitet Familie Till in einem Industriegewächshaus. Hier finden Innen und Außen, Tradition und Moderne, Kreativität und Entspannung zu einer wirklich gelungenen Einheit zusammen, die das persönliche Lebensgefühl der Bewohner positiv beeinflusst.

Die wichtigsten Voraussetzungen für den Beruf des Landschaftsgärtners sind Freude am Umgang mit Pflanzen, Sinn für Natur und Umwelt sowie jede Menge handwerkliches Geschick. Vor allem aber gehört zu dieser Tätigkeit die Einsatzbereitschaft, auch bei schlechtem Wetter zu arbeiten. Für Thomas Till ist das überhaupt kein Problem. Der erfahrene Gartenbaufachmann, der Anfang der 1990er-Jahre mit einem Produktionsbetrieb für winterharte Heidepflanzen begonnen hat, ist es gewohnt, hart zu arbeiten. Für ihn ist es wichtig, möglichst nah bei seinen Pflanzen zu sein, um bei Wetterumschwüngen oder anderen jahreszeitlich bedingten Anforderungen möglichst schnell und flexibel reagieren zu können. »Deshalb ist die Kombination aus Wohnen und Arbeiten, wie wir sie in unserem Gewächshaus haben, einfach ideal für uns. Und obwohl man so die Arbeit natürlich noch viel dichter vor Augen hat, haben wir dieses Projekt bis heute nicht bereut«, meint Till.

Gemeinsam mit dem Architekturbüro Holger Just aus Dresden wollten die Tills ein standardisiertes Industriegewächshaus mit einem konventionellen Massivgebäude verbinden. Dabei bekam der massive Kern – das Wohnhaus – als »Klimahülle« ein handelsübliches Gewächshaus übergestülpt. Auf der Südseite schaffen bodentiefe Fenster eine direkte Verbindung nach außen. Die intelligente Steuerung von Lüftungs- und Verschattungstechnik sorgt dafür, dass es auch bei starker Sonneneinstrahlung nicht zu heiß wird. Hierzu öffnen sich automatisch spezielle Ventilationsklappen und seitlich angebrachte Glaslamellen. Neben einem angenehmen Raumklima bleibt so auch der Energieverbrauch überschaubar. Wenn sich die Luft im Gewächshaus erwärmt, reguliert sich die Heizung im Steinbau ganz von selbst. Den Rest erledigt der große Kaminofen im offenen Wohnbereich, der gleichfalls zu einer gemütlichen Atmosphäre im Raum beiträgt.

»Bei uns herrschen eigentlich immer behagliche Temperaturen, was auch an der Speicherfähigkeit der unverputzten Ziegelwand liegt«, beschreibt der Hausherr die Vorteile der natürlichen Abgrenzung. Die dafür verwendeten 16 000 Ziegelsteine stammen aus dem Abriss ehemaliger Kasernen rund um Dresden. Mithilfe von Freunden und der Familie haben die Tills die Steine eigenhändig zusammengetragen und gesäubert. Als Backsteinmauer ziehen sie sich heute der Länge nach durch das Gebäude und geben dem Glashaus ein mediterranes Flair. Von den fast 1000 Quadratmetern überbauter Fläche bewohnt die Familie zwar nur rund 180. Trotzdem bietet der Glasbau neben der Nähe zu den geliebten Pflanzen ein sehr viel großzügigeres und vor allem individuelleres Raumangebot, als man es von einem klassischen Einfamilienhaus her gewohnt ist. Und wer kann schon von sich sagen, in einem Gewächshaus zu leben, wo man das ganze Jahr über auf der geräumigen Terrasse im Grünen sitzen kann – ganz egal, wie das Wetter draußen ist.

»Ein sehr natürliches Raumklima macht die Verbindung von Wohnen und Arbeiten erst richtig harmonisch.« *Thomas Till*

S134: Die raffinierte Kombination der beiden Materialien Glas und Stein macht den besonderen Charme dieses ungewöhnlichen Eigenheims aus.

S136 oben: Lichtdurchflutet präsentiert sich der offene Wohn-/Essbereich. Wenn es im Winter doch einmal kalt wird, spendet ein Kamin zusätzliche Wärme.

S136 unten: Auch an der frei stehenden Kochinsel findet man den alten Backstein der übrigen Wände, was für eine harmonische Gesamtoptik sorgt.

S137 links: Die unverputzte Steinmauer zieht sich der Länge nach durch das ganze Gebäude und verleiht so dem Flur mehr Größe und Weite.

S137 rechts: Der antike Schreibtisch verschönert das Wohnzimmer. Die Abrissziegel der Wände wurden von Familie Till eigenhändig gesäubert.

S138 oben: Die vielen Freiflächen vor und über dem privaten Wohnhaus nutzen die Tills auch für geschäftliche Veranstaltungen und Verkaufspräsentationen.

S138 unten: Ein Leben mit und für die Natur: Das Industriegewächshaus für die Anzucht von Pflanzen bildet eine Art »Klimahülle« für das Zuhause der Familie.

Seite 139: Die großen Glasfenster des Gewächshauses bringen an dunklen Tagen viel Licht ins Innere. Alles im Raum wirkt fließender, natürlicher und weicher.

NATURVERBUNDEN

Allgäuer Rundbogenhaus mit Grasdach

Das Leben im Grünen bedeutet für Familie Schellheimer mehr, als nur ein schönes Grundstück inmitten einer wunderbaren Landschaft zu besitzen. Das Grasdach ihres Hauses im Allgäu verschmilzt nahezu mit seiner Umgebung und ermöglicht so ein natürliches Wohnen mit einem besonderen Gefühl von Behaglichkeit.

Für viele Gartenbesitzer ist die regelmäßige Pflege des Rasens nur eine lästige Pflicht. Wenn Lars Schellheimer seinen Rasenmäher aus der Garage holt, kann sich die schweißtreibende Tätigkeit durchaus einmal zum Abenteuer entwickeln. Denn der Allgäuer beginnt seine Arbeit dort, wo es kaum jemand vermuten würde – auf dem Dach seines eigenen Wohnhauses. »Natürlich sollte man dabei schwindelfrei sein und das Gerät vorher anseilen. Doch so ist es einfach viel praktischer als mit der Sense. Und wenn der Beutel voll ist, braucht man ihn nur hinunterwerfen und entsorgen«, erklärt er. Der erfahrene Landschafts- und Gartenbaumeister lebt mit seiner Ehefrau Daniela und den beiden Kindern Jasmin und Jan in Wildpoldsried im Oberallgäu. Neben den zahlreichen ökologisch positiven Eigenschaften bietet sein Holzhaus mit angrenzendem Schwimmteich etwas, was viele Passanten staunend vor dem Gebäude stehen bleiben lässt: Mit filigraner Leichtigkeit erhebt sich das halbrunde Dach aus seiner natürlichen Umgebung. Bewachsen ist es mit sanft im Wind schwingenden Gräsern, zu denen sich im Frühjahr bunte Blumen und wohlriechende Kräuter gesellen. »Mein Mann ist der Meinung, dass er der Natur beim Hausbau viel Fläche genommen hat und ihr diese mittels einer Dachbegrünung wieder zurückgeben kann. Zudem erinnert die Wölbung an eine halbe Erdkugel, die von der Erde in die Erde reicht«, beschreibt die Hausherrin begeistert das Konzept.

Als Fachmann kennt Lars Schellheimer natürlich auch die Vorurteile, die einige Menschen noch von früher in ihren Köpfen tragen, als grasbepflanzte Flachbauten durchaus einmal undicht werden konnten. Inzwischen ist dies längst kein Problem mehr – wenn zuvor sorgfältig abgedichtet wurde. Eine wurzelfeste Folie ist dabei das A und O. Die Bepflanzungsmöglichkeiten sind vielfältig, so lassen sich beispielsweise mit Mauerpfeffer, einer Sedum-Art, pflegeleichte teppichartige Flächen schaffen. Beliebt sind auch wechselnde Gräser, die aber mehr Pflege brauchen.

Begrünte Dächer bieten einige Vorteile: Sie halten Niederschläge zurück, da sehr viel Wasser auf dem Dach verdunstet und der Rest zeitverzögert abfließt. Zudem schützt ein Grasdach ein Haus auf natürliche Weise gegen Überhitzung im Sommer und wärmt als »grüner Pelz« in den Wintermonaten. Beides trägt zu einem angenehmen Raumklima bei. Und bei Starkregen oder Hagel dämpft die dichte Bepflanzung wie ein Kissen. Das ökologische Gleichgewicht kann durch eine artenreiche Extensivbegrünung wiederhergestellt werden und bietet zugleich neuen Lebensraum für viele Pflanzen und Tiere. Vielleicht ist das auch ein Grund dafür, warum Lars Schellheimer den Rasenmäher nicht ganz so häufig hervorholt wie seine Nachbarn. Ein Gründach erfüllt im Kreislauf der Natur eine eigene Funktion und offenbart manchmal erst durch wilde Schönheit seine wahre Pracht.

»Wer sich für eine natürliche Dachbegrünung entscheidet, wird mit der richtigen Pflege viel Freude damit haben« *Lars Schellheimer*

S140: Ein Grasdach schützt im Sommer auf natürliche Weise gegen Überhitzung und verbessert das Raumklima. Schön erfrischend: der Naturschwimmteich.

S142 oben links: Im offen gestalteten Wohn- und Essbereich schaffen großzügige Fensterflächen eine harmonische Verbindung zum Garten.

S142 oben rechts: Dass grobes Kopfsteinpflaster von draußen auch in einem Innenraum möglich ist, zeigt der individuelle Bodenbelag im Flur.

S143: Auch der natürliche Verwitterungsprozess an der Holzfassade unterstreicht die naturnahe Bauplanung, die für dieses Objekt gewünscht war.

S144 oben links: Nicht nur Jack Russell Terrier Rebecca freut es, dass sich in einem angrenzenden Becken die Koi-Karpfen der Familie zahlreich tummeln.

S144 unten links: Die Seerose wird auch die Königin des Gartenteichs genannt. Die schwimmende Wasserpflanze besticht durch ihre aparten Blüten.

S144 oben rechts: Vormals hässliche Mauern lassen sich durch eine Begrünung ganz leicht verschönern. Raffiniertes Detail: kleine Fensteröffnungen.

S144 unten rechts: Ein schöner Garten lebt von tollen Pflanzen – und der passenden Dekoration, die für ein stimmungsvolles Ambiente sorgt.

S145: Auch beim Baden genießt man den freien Blick in die Landschaft. Das romantische Gartenhaus bildet einen Gegenpol zum modernen Wohnhaus.

Grasdach und Vertikalgarten

Wer auf dem Land wohnt, genießt bereits ein sehr naturnahes Leben. Doch selbst wenn hier oftmals der eigene Garten als Wohlfühloase bereitsteht, lässt sich diese Gegebenheit mit einer sehr natürlichen Fassaden- oder Dachbepflanzung noch zusätzlich betonen.

WANDGESTALTUNG — Hässliche Mauern gibt es nicht nur in der Stadt. Auch in der ländlichen Idylle findet man schäbig verwitterte Garagenwände, kahle Flächen wie beispielsweise im Innenraum eines traditionellen Vierseithofs oder sogar eine bewusst vorstehende Hausfassade, die den Terrassenbereich zwar optisch einfasst, aber den Anblick doch erheblich stört. Mit Efeu oder Weinlaub überwachsene Wände stellen die ursprünglichste und historisch gewachsene Form der Gebäudebegrünung dar. Für mehr Variation sorgen Vertikalgärten, die sich harmonisch in das äußere Erscheinungsbild eines Hauses einbringen lassen, ohne die architektonische Grundidee sowie den traditionellen Ursprung zu zerstören. Viele Firmen bieten deshalb fertige Konzepte für eine fassadengebundene Begrünung an. Neben einer technisch ausgetüftelten Bewässerungsanlage, die meist mittels Schläuchen im Hintergrund installiert wird, liefern diese auch die für den Standort passenden Pflanzen. Dadurch verringert sich der Pflegeaufwand, was für niedrige Folge- und Betriebskosten sorgt. Auch eine Kombination von wand- und bodengebundenen Systemen ist möglich, um auf diese Weise eine dreidimensionale Wirkung zu erzielen.

INNENRAUM — Grüne Wände kann man sich jedoch auch ins Haus holen. Diese lassen sich ganz schlicht als Marke Eigenbau realisieren, indem man beispielsweise Europaletten zu Hängeregalen für Topfpflanzen umfunktioniert – dieser Aufbau funktioniert natürlich auch auf Balkon und Terrasse. Vom Profi geplant und umgesetzt, können hier sogar richtige kleine Paradiese entstehen, die nicht nur für unser Wohlbefinden sorgen. Ein Wandgarten kann als Schallschutz dienen und das Klima im Raum verbessern, vor allem bei sehr trockener Heizungsluft im Winter. Wie schon im Außenbereich entfällt auch bei diesen speziell gestalteten Systemen aufgrund der bereits eingebauten Bewässerung das lästige Gießen und Düngen von Hand. Um Wasserschäden an den Wänden zu vermeiden, sollte eine solche Konstruktion regelmäßig vom Fachmann gepflegt und gewartet werden. Allerdings können hier nur zimmertaugliche Pflanzen zum Einsatz kommen, die sich aber vorziehen lassen, um einen möglichst prächtigen Gesamteindruck im Inneren zu erzielen. Für dunkle Ecken im Haus gibt es spezielle Lampen, sodass auch in schwierigen Bereichen eine Begrünung möglich wird. Der Preis für einen solchen Wandgarten drinnen oder draußen richtet sich nach der Größe des gewünschten Konstrukts.

GRASDACH — Dachbegrünungen leisten einen erheblichen ökologischen Beitrag für nachhaltiges Bauen und Sanieren. Neben der klassischen »Wiese auf dem Dach« sind jedoch auch zahlreiche andere Bepflanzungsarten möglich. Eine sogenannte Intensivbegrünung kann für die Bewohner eines Hauses zusätzliche Flächen schaffen, wenn die statischen Voraussetzungen dafür erfüllt sind. Begrünte Dächer bieten Pflanzen und Tieren neuen Lebensraum und helfen bei der Bindung von Schadstoffen aus der Luft. Darüber hinaus können sie Regen aufnehmen und speichern, um das Wasser später durch Verdunstung wieder in den biologischen Kreislauf zurückzuführen. Die natürliche Lärmminderung beeinflusst das Wohngefühl im Inneren positiv, und auch die Energiebilanz fällt dank der äußeren Schutzhülle um einiges besser aus als in einem schlecht gedämmten Altbau. Sonderlösungen gibt es für Kuppeln, Leichtaufbauten oder Kombinationen mit Photovoltaikanlagen, sodass auch hier einer modernen Auffassung von einem grünen Leben nichts mehr im Wege steht.

S146: Ein Wandgarten verschönert auch den Innenhof. Besonders harmonisch ist die Wirkung, wenn die Pflanzen optisch mit denen am Boden verschmelzen.

S149 oben: Ein bepflanztes Dach unterstützt eine ökologische Bauweise und liefert einen wertvollen Beitrag zur Rückgewinnung natürlicher Grünflächen.

S149 unten: Für einen vertikalen Garten verwendet man vorgezogene Pflanzen, die für ein flächiges Gesamtbild möglichst dicht aneinandergepflanzt werden.

Begrünte Dächer und vertikale Gärten bringen die Natur nach Hause.

HOCH HINAUS

Turmhaus in Tirol

Ein Grundstück direkt am Nordhang eines Berges stellt für jeden Bauherrn eine Herausforderung dar. Antonius Lanzinger hat sie gemeistert und im österreichischen Brixlegg ein modernes Zuhause für sich und seine Familie geschaffen: einen Wohnturm ganz aus Holz. Im Anbau wurde mit Beton ein weiteres Naturmaterial verwendet.

Die meisten Skisprungschanzen haben einen Neigungswinkel von 35 Grad. So auch die bekannte Bergisel-Schanze in Innsbruck. Gleichermaßen steil ist der Nordhang, den Antonius Lanzinger vor rund zwölf Jahren für den Bau seines privaten Wohnhauses in Brixlegg unweit der Tiroler Landeshauptstadt gewählt hat. »Grundsätzlich gibt es in meinem Beruf kaum einen Ort, der sich nicht irgendwie bebauen lässt. Ich selbst gehe nie spekulativ an ein Bauvorhaben heran. Für mich steht immer fest, dass es funktioniert«, erklärt der erfahrene Architekt. Obwohl ein Grundstück in Hanglage meist als unattraktiv eingestuft wird, sah der Österreicher vor allem auch die Vorteile: verkehrsgünstig zu seiner Arbeitsstätte in Innsbruck gelegen und inmitten der herrlichen Natur. So war er schnell davon überzeugt, für sich und seine Familie den richtigen Platz zum Wohnen gefunden zu haben. Sicher auch eine wirtschaftlich motivierte Entscheidung, denn der Baugrund in einer Großstadt wie Innsbruck – wo sich der Vater von heute fünf Kindern zunächst umgesehen hatte – ist mittlerweile für die meisten Leute unerschwinglich.

Die Idee, einen Turm an diese architektonisch anspruchsvolle Stelle zu setzen, entstand aus dem zu erwartenden Mangel an Sonnenlicht. »Ein solcher Turm ist die einzige Möglichkeit, auch im Winter genügend Helligkeit ins Haus zu bekommen. Da muss man einfach in die Höhe denken«, meint Antonius Lanzinger. Bei all seinen Projekten ist ihm vor allem eines wichtig: ein Material so einzusetzen, dass es seinen natürlichen Eigenschaften entspricht. Für den gelernten Tischler lag es auf der Hand, die nachwachsende Ressource Holz als Baustoff für sein neues Zuhause zu verwenden. Das Naturmaterial wirkt wärmedämmend, kann aber zugleich auch Feuchtigkeit speichern und wieder abgeben, was für ein ausgewogenes und sehr angenehmes Raumklima sorgt. Zudem bietet es eine besondere Haptik – hat sozusagen mit den Sinnen erlebbare Qualitäten. Und allein mit seinem Geruch erzeugt Holz ein Gefühl der Wärme und Vertrautheit, was man beim Betreten des heutigen Wohnhauses von Antonius Lanzinger sofort spürt. Eben deshalb waren es auch nicht die modernen Holzbauten, die der naturverbundene Bauherr für die Realisierung seines Vorhabens im Kopf hatte. Er entschied sich dafür, seinen Turm in einer der ursprünglichsten Bauweisen überhaupt zu errichten – dem Holzblockbau. Eine technische Herausforderung. »Im Grunde ist dieses Haus wie ein großes Möbel konstruiert. Wer möchte, könnte das Dach abnehmen und alles in seine Einzelteile zurückführen. So wie man es aufbaut, so kann man es wieder zerlegen. Das geht mit kaum einem anderen Material«, weiß der Architekt, dessen Projekt unter anderem auch mit dem Holzbaupreis ProHolz Tirol ausgezeichnet wurde. Für sein Wohnhaus wählte er Tannenholz, das sich selbst bei unterschiedlichen Wettereinflüssen als sehr beständig erwiesen hat und über keine flachen gefüllten Hohlräume, sogenannte Harzgallen, verfügt.

S150: Wie ein Wolkenkratzer aus Holz ragt der Turm in den Himmel. Der Büroanbau aus Beton steht der Familie auch als weiterer Raum zur Verfügung.

S152: Das einst helle Holz an der Fassade ist im Laufe der Jahre immer mehr verwittert, was jedoch den natürlichen Charme des Turms unterstreicht.

S153: Neben Beton, Glas und Holz wurde beim Türrahmen des Büroeingangs auch der rötliche Kramsacher Marmor aus der Region verarbeitet.

Heute gelangt man über eine schmale Treppe am Steilhang in das zwölf Meter hohe Gebäude. Wenige Böschungsmauern sichern das Gelände rund um den Turm, der auf einem Betonsockel steht und mit einer Grundfläche von 6 x 8 Metern in zwei Bereiche untergliedert ist. Unten befindet sich der gemeinschaftliche Teil mit der Stube samt raumhohem Kachelofen, der im Winter das komplette Haus beheizt und zu diesem Zweck zweimal am Tag befeuert werden muss. Darüber liegen auf drei weiteren Ebenen die gemütliche Wohnküche und die Schlafräume: Ein großes Zimmer für alle fünf Kinder, ein weiterer Raum die Treppe rauf für das Ehepaar Lanzinger. Innentüren gibt es außer der zur Toilette nicht – und das ist auch so gewollt. »Diese Bauform impliziert, dass man großzügig mit den Räumen umgeht. Das heißt: keine Zwischenwände und folglich auch keine abgeschlossenen Kinderzimmer. Wir sind aber in jedem Fall der Meinung, dass das Zusammensein in einer so großen Gemeinschaft wie der unseren nur über das gemeinsame Sichauseinandersetzen gelingen kann. Insofern passt dieses bauliche Konzept sehr gut zu unserem Familienleben«, erläutert Lanzinger. Und wenn der Nachwuchs eines Tages aus dem Haus ist, brauchen sich die Eheleute keine Gedanken über die weitere Nutzung leer stehender Kinderzimmer machen.

Von Beginn an spielt das Thema Licht für den Hausherrn eine zentrale Rolle. Obwohl es von außen betrachtet beinahe so wirkt, als ob der Turm im oberen Bereich gar keine Fenster hat, bringen wenige, aber gezielt gesetzte Öffnungen viel Helligkeit ins Innere – mit 40 Prozent Fensterfläche sogar mehr als bei einem typischen Tiroler Bauernhaus, das etwa über zehn Prozent verfügt. Am Ende der Stiege erwartet den Besucher dann eine ganz besondere Überraschung: die großzügige Dachterrasse, von der aus man einen spektakulären Blick auf die umgebende Bergwelt hat. Die für das Bauen unbequeme Hanglage zeigt hier ihren größten Vorteil. Für Antonius Lanzinger stellte der Hang aber ohnehin nie ein Problem dar. Schließlich hat sich der Architekt schon vor langer Zeit auf die Planung und Umsetzung alpiner Extrembauten wie beispielsweise Bergstationen spezialisiert. Und gelegentlich ist auch mal eine Skisprungschanze darunter.

S154 oben links: Der orange Kachelofen erstreckt sich fast bis unter die fünf Meter hohe Decke und sorgt für angenehme Wärme im gesamten Haus.

S154 unten links: Die steile Außentreppe macht die exponierte Hanglage deutlich. Im oberen Bereich fungiert eine Glaswand als Windfang.

S154 oben rechts: Die Raumspartreppen verbinden auf elegante Weise die einzelnen Ebenen des Turms – ideale Lösung für diesen Grundriss.

S154 unten rechts: Antonius Lanzinger wollte für sich und seine Familie ein Haus bauen, das durch und durch aus dem Naturmaterial Holz besteht.

S155: Die oval geformte, frei stehende Kochinsel ist das Herzstück der Küche. Ein Hochfenster bringt zusätzliches Licht in den Raum.

»Wer eine natürliche Atmosphäre in seinem Haus haben will, muss die Dinge einfach so lassen, wie sie sind.« *Antonius Lanzinger*

S156: Sanftes Oberlicht und ein zusätzlich eingefügtes, schmales Fensterband erzeugen im Elternschlafzimmer ein naturnahes Ambiente.

S157: Im Jugendbereich hat jedes Kind seine Schlafkoje. Hinter der gelben Wand verbirgt sich ein Duschbad. Geheizt wird auch hier mit Holz.

LOFT IM GRÜNEN

Leben im Bochumer Industriedenkmal

Mit der fachgerechten Renovierung einer alten Maschinenhalle auf dem Gelände der ehemaligen Zeche Hasenwinkel ist es dem Architekten Hans-Peter Anders gelungen, zeitgemäßes Wohnen und Arbeiten mit der Optik eines Industriedenkmals aus längst vergangenen Zeiten zu verbinden – und das sehr naturnah.

Als Kind war es für Hans-Peter Anders völlig normal, dass sein Vater tagsüber immer in seiner Nähe war. Obwohl der selbstständige Bauunternehmer viel arbeitete, konnte sein Sohn ihn jederzeit im Büro besuchen. Und gelegentlich durfte der Junior ihn auch auf eine Baustelle begleiten. Diese räumliche Nähe wünschte sich der Architekt später dann auch für seine eigene Familie: »Ich konnte mir einfach nicht vorstellen, abends um 20 Uhr nach Hause zu kommen, meinen Kindern noch schnell Gute Nacht zu sagen und das war's dann.« Doch der Traum vom Leben und Arbeiten unter einem Dach schien sich anfangs nur schwer verwirklichen zu lassen. In den vergangenen Jahren hatte sich Hans-Peter Anders verstärkt der experimentellen Architektur gewidmet und erfolgreich an zahlreichen Wettbewerben teilgenommen. Da musste das eigene Heim natürlich etwas ganz Besonderes sein. Gemeinsam mit seiner Frau Katja Leistenschneider suchte er nach einem passenden Objekt im Raum Bochum. Ein altes Schulhaus, ausgerechnet in dem Stadtteil, in dem Katja aufgewachsen war, erschien beiden geeignet. »Allerdings hatten wir nicht bedacht, dass hier zunächst noch einige Verbände und Vereine ihre Büros hatten. Diese galt es erst davon zu überzeugen, sich andere Räumlichkeiten zu suchen, was nicht gerade leicht war«, erinnert sich der Diplom-Ingenieur. Doch als die Situation immer aussichtsloser wurde, entdeckte das Paar nur wenige 100 Meter weiter auf dem Gelände der ehemaligen Zeche Hasenwinkel die alte Maschinenhalle. Das aus der Zeit um 1890 stammende Gebäude war nach der Stilllegung der Zeche im Jahr 1926 für Wohnzwecke umgebaut worden. Weil die Stadt Bochum das Gebäude aus wirtschaftlichen Gründen verkaufen wollte, legte Hans-Peter Anders im Rahmen seines Angebots ein Konzept vor, das Wohnen und Arbeiten integrierte – und erhielt im März 1996 den Zuschlag.

Allein die Renovierung der Fassade nahm ein Jahr in Anspruch. Dabei war es den neuen Besitzern wichtig, das äußere Erscheinungsbild der Maschinenhalle bestmöglich an ihren Originalzustand anzupassen. Hilfreich waren die vom Abriss der Innenwände und der Erweiterung der Fensteröffnungen übrig gebliebenen Ziegel, die schon 1929 für den Innenausbau der Halle genutzt worden waren. »Auf diese Weise haben wir Brüche in der Optik vermieden«, erklärt der Experte für Umbau und Sanierung. Die neuen, großen Sprossenfenster, die eigens von einem heimischen Schlossereibetrieb angefertigt wurden, unterstreichen den industriellen Charme des Gebäudes. Im Maschinenhaus ließ Hans-Peter Anders bis auf zwei alle Wände abreißen und durch eine Stahlkonstruktion ersetzen. Im April 1999 war es schließlich so weit – und die Familie konnte einziehen. Seitdem genießen alle die Großzügigkeit ihres nicht ganz alltäglichen, rund 400 Quadratmeter großen Zuhauses. »Unsere beiden Kinder Johanna und Casper haben in der Halle sogar das Fahrradfahren gelernt«, erzählt Katja Leistenschneider.

S158: Die großen Sprossenfenster bieten auch im Obergeschoss einen spektakulären Ausblick auf den weitläufigen Garten mit dem alten Baumbestand.

S160: Durch die Wahl der Materialien und den offenen Grundriss soll der Bezug zur einstigen industriellen Nutzung wiederhergestellt werden.

S161: Die von den Umbauarbeiten übrig gebliebenen historischen Ziegelsteine ermöglichten eine fachgerechte Ausbesserung der äußerden Hülle.

Dass bei der Kombination von Altem und Neuem gewisse technische Gegebenheiten von Beginn an einkalkuliert werden müssen, hat der Architekt natürlich bedacht. So gibt es ein raffiniertes Wassertrennsystem, welches es ermöglicht, Toiletten und Waschmaschine mit aufgefangenem Regenwasser äußerst ökologisch zu betreiben. Ebenfalls nicht zu unterschätzen ist der enorme Heizaufwand für die großen und hohen Räume. Doch auch auch dafür hat der erfahrene Baumeister eine Lösung gefunden. So wird die Halle heute mit einem Gas-Brennwertkessel und einem Hüllflächen-Temperiersystem beheizt. »Hierbei sind die Warmwasserleitungen in den Außenwänden verlegt und erwärmen dadurch das gesamte Haus sehr energiesparend«, erläutert Hans-Peter Anders und fügt hinzu: »Wenn es draußen so richtig kalt wird, haben wir ja immer noch unseren gemütlichen Bullerjan-Ofen. Da gehe ich einfach mal schnell hinters Haus zum Holzhacken. Manchmal laufen ein paar Rehe oder Füchse vorbei und ich habe das Gefühl, mitten auf dem Land zu sein, obwohl wir in dieser Gegend ja eigentlich sehr urban und loftmäßig wohnen.«

Auch in seinem Büro hat der Hausherr darauf geachtet, die Ursprünglichkeit des Industriedenkmals zu bewahren. »Ich finde, man muss sehen, dass es ein altes Haus ist. Und ein altes Haus ist eben nicht perfekt«, erklärt Hans-Peter Anders. Je authentischer die ursprüngliche Nutzung in die Innenraumgestaltung eingebunden wird, desto einzigartiger wird die Atmosphäre. Deshalb hat er die Stahlträger in dem 230 Quadratmeter großen Arbeitsraum sogar eigenhändig mit der Drahtbürste bearbeitet und anschließend nach alter Tradition mit heißem Leinöl bepinselt. Denn nur so erhält sich der für die Fabrik-Atmosphäre typische Look.

Es war übrigens nicht zwingend die Fläche, die den einstigen Leistungssportler vom Leben in einer ehemaligen Maschinenhalle überzeugt hat. Für den Familienmenschen ist es bis heute eine Art von Luxus, Wohnen und Arbeiten so geschickt miteinander verbinden zu können. Und wenn seine beiden Kinder gelegentlich über die an die Halle angrenzende Stahltreppe nach oben unters Dach laufen, um ihren Vater in seinem Büro zu besuchen, dann ist auch dies für ihn ein Stück gelebte Tradition.

PHOTO ICONS

S162: In alten Fabrikgebäuden ist viel Platz für Minimalismus. Hier soll der Raum ebenso wie besondere Design-Möbelstücke zur Geltung kommen.

S163 unten: Von der offenen Wohnhalle führt eine breite Treppe hoch zur Galerie mit den dort oben untergebrachten Schlafräumen sowie dem Badezimmer.

S163 oben links: Die Liebe zum Radsport hat sich von Hans-Peter Anders auf seinen Sohn Caspar übertragen. Viel Platz zum Schrauben gibt es sogar im Haus.

S163 oben rechts: Im Wohnzimmer beim kniffligen Brettspiel mit Tochter Johanna kann Moderatorin Katja Leistenschneider ganz prima abschalten.

»Alte Industriegebäude haben einen rauen Charme und bieten Freiraum ohne einengende Wände.« *Hans-Peter Anders*

S164: Die Stahlträger in seinem Architekturbüro hat Hans-Peter Anders eigenhändig mit der Drahtbürste bearbeitet. Die antiken Lampen stammen aus einem Flugzeughangar.

S165 links: Im früheren Treppenhaus befindet sich heute das Bad mit der frei stehenden Wanne. Das originelle runde Fenster wurde originalgetreu nachgemauert.

S165 rechts: Die alten Turngeräte wollte in der örtlichen Schule niemand mehr haben. Heute schmücken sie die Räume und werden dort sogar wirklich genutzt.

Industrie-Chic und Upcycling

Die hohe und offene Raumgestaltung in umgebauten Bauern- oder Scheunenhäusern eignet sich gut für das moderne Loft-Wohnen mit industriellem Charme. Kreative Upcycling-Ideen betonen diesen angesagten Stil ebenso wie den Gedanken der Wiederverwertung.

HISTORIE — Als der Wohnraum in den Städten immer knapper wurde, haben findige Bauplaner damit begonnen, leer stehende Fabriketagen zu schicken Loft-Apartments umzugestalten. Viele dieser historischen Werks- und Fabrikationsgebäude stammen noch aus dem 19. Jahrhundert, als sich die Industrialisierung in Deutschland gerade in der Blütezeit befand. Deren offene Skelettbauweise war wie geschaffen für den nachträglichen Einbau von mehreren Wohneinheiten. Die weitläufigen Hallen mit Betondecken, Mauerpfeilern und bodentiefen Fenstern bieten jedoch auch ausreichend Platz für ein anderes, sehr individuelles Einrichtungskonzept – den modernen Industrie-Chic. Wohnen im Industriestil, das bedeutet auch architektonisch gesehen ein Spiel der harten Kontraste: Abgegriffene Metallteile und roher Stahl treffen auf offenes Ziegelwerk, robustes Holz und jede Menge Glas.

LANDHAUS — Einem ähnlichen Materialmix begegnet man auch bei der Sanierung alter Bauernhäuser. Je nach Originalzustand eines solchen Gebäudes bleibt meist kein Stein mehr auf dem anderen. Das offene Mauerwerk kann sich jedoch harmonisch in die spätere Raumgestaltung einfügen, gerade wenn diese dem modernen Industrie-Chic folgt. Erdige Farben wie dunkles Leder und viel metallisches Schwarz dominieren den Werkstatt-Look und passen aufgrund ihres rauen Charmes ebenso gut ins ursprüngliche Landhaus. Auch das enorme Balkengewölbe im früheren Scheunenboden erinnert an das großzügige Wohngefühl der urbanen Vorbilder. Ähnlich wie die Glasfronten alter Fabriken bringen umgebaute Stalltore mit riesigen Fensterflächen viel Licht ins Innere und machen das Loft-Gefühl auf dem Land perfekt.

UPCYCLING — Ebenso nachhaltig und ressourcenschonend wie die Renovierung von Industriedenkmälern oder ehemals landwirtschaftlich genutzten Anwesen ist auch der Gedanke des Upcyclings. Ins Deutsche übersetzt bedeutet dieser noch relativ junge Trend im Wohnbereich so viel wie die Wiederverwertung von alten Dingen, darunter auch Müll. Erstmalig wurde dieser Begriff 1994 in einer englischen Zeitschrift erwähnt, als sich der Ingenieur Reiner Pilz in einem Beitrag kritisch zu Abfallrichtlinien und Baustoffrecycling äußerte und auf eine Aufwertung (»upcycling«) von Rohstoffen pochte, damit achtlos weggeworfene Produkte wieder an Bedeutung gewinnen würden.

SELBERMACHEN — Mittlerweile sind der Kreativität in diesem Bereich keinerlei Grenzen gesetzt, denn Künstler und Designer entwickeln immer ausgefallenere Objekte und Möbelstücke. Was einst mit der Umgestaltung einer einfachen Europalette zum praktischen Couchtisch begann, mündet inzwischen in ganzen Ideenbüchern, in denen der gewachsenen Wegwerfmentalität der letzten Generationen eine neue Philosophie für ein bewussteres Leben präsentiert wird. Wer über ein wenig handwerkliches Geschick verfügt, kann bei der Gestaltung von individuellen Gegenständen für das eigene Zuhause sogar Geld sparen – und bekommt dabei noch die Gewissheit, zur Verbesserung der Umwelt beigetragen zu haben, gratis dazu. So sorgt auch diese Art von Rückbesinnung auf alte Werte für mehr Beständigkeit und schafft, egal ob in der Stadt oder auf dem Land, das gute Gefühl, noch ein Stück mehr im Einklang mit der Natur zu leben.

S166: Zum angesagten Industrie-Chic gehören auch Möbelstücke im Vintage-Look. Sehr gefragt dabei: alte Turnmöbel und generell viel braunes Leder.

S169 oben links: Aus Alt mach Neu, denn so einfach wird aus einem übrig gebliebenen oder nicht mehr genutzten Wasserrohr ein schicker Kerzenleuchter für zu Hause.

S169 oben rechts: Der kreative Umgang mit ausgedienten Gegenständen ist Trend. Antike Stalllampen erleben durch den Industrie-Stil gerade ein Revival.

S169 unten: Mit ein wenig handwerklichem Geschick wird aus einer abgenutzten Europalette schnell ein ganz individueller Couchtisch fürs Wohnzimmer.

Wohnen im Industrie-Chic verwandelt das Landhaus in ein urbanes Loft.

FRISCHER WIND

Dünenhaus an der Nordsee

Beinahe hat man das Gefühl, als ob das Eigenheim von Jetty und Maarten Min eins werden würde mit der umgebenden Landschaft. An der holländischen Küste realisierte das Paar sein individuelles Wohnkonzept von einem naturnahen Leben am Meer durch einen besonderen Hausumbau mit einer ungewöhnlichen Formensprache.

An der Nordseeküste der Niederlande findet man nicht nur endlos lange Sandstrände, die zu ausgedehnten Spaziergängen einladen. Gleich dahinter beginnt eine bizarre und zugleich atemberaubend schöne Dünenlandschaft, die ihre Besucher verzaubert und geradezu magisch in ihren Bann zieht. Plötzlich verspürt man den Wunsch, in diese herrliche Natur einzutauchen, und klettert freiwillig eine der kleinen Anhöhen hoch. Oben angekommen, wird man mit einem großartigen Ausblick für diese Mühe belohnt: Auf der einen Seite schaut man auf das Meer mit seiner endlosen Weite, in der man sich fast verliert. Viel spannender aber ist das, was sich landeinwärts anschließt – eine hügelige Natur, die mit Büschen und knorrigen Bäumen bewachsen ist.

»Mit den robusten Kiefern, die ursprünglich aus Österreich stammen, hat man das Wandern der Dünen zum Stillstand gebracht. So konnte der Wind den Sand nicht weiter forttragen«, erklärt Jetty Min diese natürliche Befestigungsmaßnahme. Die studierte Architektin führt gemeinsam mit ihrem Mann Maarten das Büro »Min2 bouw-kunst« im holländischen Küstenort Bergen aan Zee. Keine Frage, dass das naturverbundene Paar nach der Gründung ihrer kleinen Firma auch an genau diesem Ort leben wollte. Zunächst wohnten die Eheleute in einem Haus, das zentral im Ortskern liegt. Allerdings befindet sich dieser einige Kilometer vom Meer entfernt. Doch Jetty zog es schon immer mehr in Richtung Wasser – hin zu den Dünen. Anders als ihr Mann Maarten, der in der Region geboren und aufgewachsen ist, war die Niederländerin zuvor an das Leben in der Großstadt gewöhnt. Den Umzug aufs Land hat sie aber nie bereut. »Ich liebe die Natur und mag es, wenn mir bei Strandspaziergängen im Winter der kalte Wind so stark um die Ohren pfeift, dass ich meine Kapuze schon gut festhalten muss«, erzählt Jetty Min mit leuchtenden Augen. Wen wundert es da, dass die erfahrene Baumeisterin bisher nicht nur zahlreiche Häuser für zufriedene Kunden geplant und umgesetzt, sondern auch ihren individuellen Traum vom Eigenheim längst realisiert hat?

Das im Jahr 2009 fertiggestellte Projekt ist bis heute etwas ganz Besonderes für das Architektenpaar, obwohl es einst mit einem schlichten 50er-Jahre-Bungalow begonnen hat. Das kleine Häuschen befand sich auf einem Dünenkamm, nur etwa 300 Meter vom Meer entfernt, und stellte somit den perfekten Standort für das geplante Vorhaben dar. Problematisch war jedoch der bestehende Grundriss von 20 x 8 Metern, der nicht verändert werden durfte. Allerdings war die Firsthöhe in den Plänen nicht exakt definiert worden – und genau darin lag die Chance für die gewünschten Erweiterungen. Nach den niederländischen Bauvorschriften ist eine maximale Höhe von 15 Metern erlaubt, was das Paar auf die Idee brachte, das alte Gebäude um zwei Ebenen aufzustocken. Das würde nicht nur für mehr Platz sorgen, sondern zudem einen freien Blick auf das Meer ermöglichen. Die beiden Architekten, die be-

»Unterschiedliche Sichtweisen ermöglichen ein umfassendes Bild des Ganzen.« *Jetty & Maarten Min*

S170: Drei Stockwerke umfasst das der Form einer Düne nachempfundene Haus. Im Abendlicht schimmern die Naturziegel der Fassade besonders schön.

S172: Selbst vom Bett aus, das hinter dem großen Schreibtisch ein wenig im Verborgenen liegt, lässt sich die herrliche Dünenlandschaft genießen.

S173: Die gerundete Holzkonstruktion erinnert an die Formen einer Scheune. Von der Küche im ersten Stock führt eine Treppe ins Dachgeschoss.

ruflich gern an »grünen Projekten« wie beispielsweise einer Baumhaussiedlung oder naturnah konzipierten Hausbooten arbeiten, wollten im Inneren ihres Wohnhauses ein echtes Naturerlebnis schaffen, was durch geschickt integrierte, dicke Baumstämme zweifelsfrei gelungen ist. Alte Möbelstücke aus Familienbesitz setzen ebenso sehr interessante Kontrapunkte in der ansonsten sehr modernen und reduzierten Wohnraumgestaltung. In der eigenen Bibliothek im Erdgeschoss sorgen bewegliche Regalfronten für genügend Freiraum. Das Duschbad versteckt sich hinter einer speziell angefertigten Ziegelwand. Ein weiterer Hingucker ist die frei stehende Badewanne mit Blick in die Dünen.

Um das Haus auch optisch besser in die Landschaft einzufügen, wählte das Paar für die äußere Hülle die Form einer Düne, wie sie vom Wind erschaffen wurde. Ähnlich verhielt es sich auch mit den Ziegeln. Der gerundete Baukörper sollte in ein Material eingebettet sein, das sich farblich und stofflich an die umgebende Natur anpasst. Für Jetty Min kamen dabei nur die Nuancen von Zink, Kupfer und Holz infrage. Schließlich entwickelte sie gemeinsam mit der dänischen Firma Petersen Tegl einen neuen, ganz speziellen Fassadenziegel für ihr Dünenhaus. Im Inneren verwirklichten die Mins mittels einer gerundeten Holzkonstruktion, die von dicken Baumstämmen getragen wird, ihre Vorstellung von einer modernen Scheune. Die großzügige Fensterfront ermöglicht einen schönen Ausblick über die Landschaft und unterstreicht das Gefühl der Leichtigkeit, das von den offenen Räumen ausgeht. Maarten Min, der als leidenschaftlicher Comic-Liebhaber die komplette Planung und Umsetzung seines Hauses in einem selbst illustrierten Buch festgehalten hat, erinnert sich gern an die kleinen, aber so wichtigen Details. Eine Vorgehensweise, die die äußerst präzise Arbeitsweise der beiden Architekten sehr gut reflektiert: »Wir sind damals auf das Dach des Bungalows geklettert und haben Fotos aus allen Blickwinkeln gemacht. So wussten wir beispielsweise, wo Fenster Sinn machen und wo nicht«, erzählt der gebürtige Niederländer. Manchmal hilft es eben, auf einen Hügel zu steigen, um sich durch die geänderte Perspektive erst richtig für die schönen Dinge des Lebens zu öffnen.

S174 links: Zwei, die sich privat und beruflich gut ergänzen: Das kreative Architektenduo Jetty und Maarten Min in einem der zwei offenen Arbeitsbereiche.

S174 rechts: Von der Sitzgruppe im Dachgeschoss aus kann man gelegentlich auch ein paar frei in den Dünen herumlaufende Pferde entdecken.

S175: Die dicken Holzstämme, die wie Säulen einer Kathedrale in den Wohnraum integriert wurden, erzeugen ein echtes Naturerlebnis.

S176 links: Ein absoluter Hingucker in dem geräumigen Badezimmer ist die frei stehende Badewanne – mit unbegrenztem Fensterblick in die Dünen.

S176 rechts: Die Dusche versteckt sich hinter einer speziellen Ziegelwand, die wie die Wände im Flur auf die äußere Hülle abgestimmt wurde.

S177: In der Bibliothek im Erdgeschoss sorgen bewegliche Regalfronten für Freiraum. Alte Möbelstücke setzen spannende Kontraste.

DESIGN OF CITIES
BERLAGE
LIESBETH VAN DER POL
SCHINDLER
Oosterse Bouwkunst
BOURGOGNE ROMANE
ARCHITECTURE NOW!

IN DER NATUR VOR ANKER

Ein Hausboot an Oldenburgs Achterdiek

Für den Designer Sascha Akkermann wurde der Traum von einem naturnahen Leben auf einem Hausboot im Oldenburger Landschaftsschutzgebiet wahr. Doch nicht nur sein ungewöhnliches Eigenheim auf dem Wasser hat er selbst geplant und konzipiert – auch die von ihm selbst mit viel Liebe zum Detail gefertigten Möbelstücke tragen seine Handschrift.

Warum gerade ein Hausboot? Diese Frage wurde Sascha Akkermann in den vergangenen Jahren häufig gestellt. Mit 17 Jahren kam er während eines Aufenthaltes in den Niederlanden zum ersten Mal mit dieser ungewöhnlichen Art des Wohnens in Berührung. »Da hatte sich jemand für 'n Appel und 'n Ei ein gesunkenes Schiff gekauft und dieses liebevoll restauriert. Es sah einfach wunderschön aus«, erzählt der gebürtige Oldenburger. Von diesem Moment an stand für ihn schon fest, dass er eines Tages selbst so wohnen wollte. Doch erst mit Mitte 30 erfüllte sich für den gelernten Tischlermeister, der seit vielen Jahren als Möbeldesigner arbeitet, dieser Jugendtraum. »Und irgendwann habe ich mir gesagt: Man lebt nur einmal, und wenn ich es jetzt nicht mache, wann dann?«, erzählt Sascha Akkermann. Zunächst recherchierte er im Internet und kaufte sich Bücher, in denen es um ähnliche Objekte ging. Zwar lagen die darin beschriebenen Gebäude nicht auf dem Wasser, ähnelten aber in Größe und Aufbau dem, was sich der erfahrene Handwerker vorgestellt hatte. Dass sich die Architektur quasi von allein ergab, ist der Designleidenschaft von Sascha Akkermann zu verdanken. Für ihn waren bei diesem Projekt vor allem Form und Gestaltung entscheidend. »Es war klar, dass es nicht eine gerade Kiste werden konnte. Die vielen Schrägen verleihen dem Hausboot seinen besonderen Charme. Außerdem hat die Dachschräge den praktischen Vorteil, dass dadurch auch der Regen schneller ablaufen kann. Denn wenn das Wasser stehen bleiben würde, wäre das Gewicht, das auf dem Hausboot lastet, einfach viel zu groß«, erklärt der erfahrende Handwerker. Seit ein paar Jahren liegt das Boot nun schon an der Hunte, einem Nebenfluss der Weser, mitten im Landschaftsschutzgebiet von Oldenburg.

Die gesamte Bauphase betrug nur etwa vier Monate. Während dieser Zeit konzentrierte sich der Niedersachse ausschließlich auf dieses Projekt. Dabei konnte er auf die tatkräftige Unterstützung von Eltern, Freunden und seiner damaligen Geschäftspartnerin Flo Florian vertrauen. Mit ihr betrieb er von 2004 bis 2012 das Designstudio »Confused Direction«, aus dem später auch seine eigene Designlinie »Produktwerft« für selbst entworfene Möbel und Wohnaccessoires hervorgegangen ist. Weil hier auch die Themen recycelbare Materialien und Nachhaltigkeit eine große Rolle spielen, umfasst das Sortiment zahlreiche gebrauchte Produkte, die liebevoll aufgearbeitet und neu gestaltet wurden. Angefangen bei einer alten Holzbank aus der früheren Werftkantine, die im angesagten Shabby Chic in neuem Glanz erstrahlt, bis hin zum 1950er-Jahre-Tischchen, das dank modernem Redesign dem heutigen Zeitgeist entspricht. »Es ist einfach nicht richtig, dass manche Leute so vieles gedankenlos wegwerfen. Mich macht es glücklich, wenn ich alte Dinge zu neuem Leben erwecken kann«, sagt der Designer, der heute zudem auch ein fertiges Konzept für den Bau eines Hausboots anbietet. Für die

S178: Das Designer-Hausboot liegt idyllisch an Oldenburgs Achterdiek vor Anker. Dicke Taue verhindern, dass es sich vom Ufer losreißen kann.

S180: Sonnen mit Kanalblick: Die faltbare Liege »KOii« wurde von Sascha Akkermann designt und darf dank der PVC-Plane auch mal nass werden.

S181: Die großzügige Glasfront lässt viel Licht ins Wohnzimmer einfallen und ermöglicht gleichzeitig einen freien Blick aufs Wasser.

Umsetzung seines schwimmenden Haustraums gab es zwar kaum behördliche Auflagen, und auch um die üblichen statischen Berechnungen hätte er sich offiziell nicht kümmern müssen. Er tat es aber trotzdem – zur eigenen Sicherheit und für den Fall, dass sich mal jemand für die genauen Pläne interessiert, um diese dann in Eigenregie umzusetzen.

Ökologie ist ein wichtiges Thema im Leben von Sascha Akkermann: »Man kann nicht einfach hergehen und einen Plastikbomber bauen, den man dann ins Landschaftsschutzgebiet stellt. Es war mir wichtig, dass alles in die natürliche Umgebung passt«. Beim Bau des Modells ist auch sein Wohnraumkonzept entstanden. Dabei war von vornherein klar, dass die Küche und das Bad auf eine Seite müssen – allein schon wegen der Zu- und Abwasserleitungen. Wie in ländlichen Gegenden ohne eigene Kanalisation verfügt das Hausboot über eine eigene Kläranlage. Diese ist nicht wie üblich im Boden vergraben, sondern in einer Hütte auf dem Deich untergebracht. Alle zwei Jahre wird der Klärschlamm abgepumpt. Das geklärte Wasser ist dabei von so guter Qualität, dass es problemlos in den Fluss zurückgeführt werden kann. Beim Innenausbau seines gerade mal 65 Quadratmeter großen Eigenheims hat der Hausherr großen Wert darauf gelegt, heimischen Nussbaum zu verarbeiten. Der Wandaufbau ist ein Holzständerwerk, gedämmt wurde mit Hanffaser. Ein moderner Design-Holzofen beheizt den Wohnraum mit der offenen Küche. Das Abgasrohr führt direkt durchs Schlafzimmer und sorgt auf diese Weise auch hier für zusätzliche Wärme. Im Bad sowie im Arbeitszimmer gibt es zudem noch eine Elektroheizung. Strom und Frischwasser kommen mit flexiblen Leitungen vom Ufer, gekocht wird mit Gas. Die große Fensterfront auf der Südseite ermöglicht einen spektakulären Ausblick auf den Fluss – inklusive so mancher Naturerlebnisse. »Man kann von hier aus sogar sehen, wie die Entenküken schlüpfen«, erzählt Sascha Akkermann, der sein nächstes Wohnprojekt bereits in Angriff genommen hat. Dieses Mal zieht es ihn dabei aber wieder an Land, wo er mit der Sanierung eines traditionellen Bauernhauses sein umfangreiches Wissen im Bereich der Althölzer wunderbar einsetzen kann – und damit erneut eine ökologisch sinnvolle Lebensweise unterstützt.

S182: Die Retrostühle, der Tisch und die Lamellenleuchte in der hell gestalteten Küche sind ebenfalls eigene Entwürfe des Möbeldesigners.

S183 oben: Beim Kaffeekochen in der offenen Wohn-/Essküche kann Sascha Akkermann das lebhafte Treiben der Vögel auf dem Wasser beobachten.

S183 unten: Über eine breite Holzleiter gelangt man auf die über dem Wohnraum gelegene Galerie mit kleiner Sitzecke und schönem Fensterblick.

KINO
DAN BROWN
DAN BROWN

»Sinnvoll geplante Neubauten sollten ökologische Richtlinien erfüllen und sich gleichzeitig mit der natürlichen Umgebung vereinen.« *Sascha Akkermann*

S184: Ein zweiter extravaganter Sessel namens »odú« steht im Schlafzimmer, das parallel zum Wohnraum liegt und ebenfalls über einen direkten Ausgang nach draußen verfügt.

S185: Nach seiner Fertigstellung im Werftatelier musste das Hausboot zu seinem heutigen Liegeplatz inmitten des Oldenburger Landschaftsschutzgebiets geschleppt werden.

ADRESSEN

Architekten

Seite 15 ff.
Köhler Erxleben Partner
Architekten + Ingenieure
Dorfstraße 10
23730 Sierksdorf OT Roge
Deutschland
www.kep-architekten.de

Seite 23 ff.
Martin Focks Architekten
Leisenweg 8
77790 Steinach
Deutschland
www.focks-architekten.de
www.focks-ferien.de

Seite 35 ff.
Bakers Architecten B.V.
Lange Nieuwstraat 109
3512 PG Utrecht
Niederlande
www.bakersarchitecten.nl

Seite 41 ff.
Burgmeier & Völkl
Architekten Partnerschaft mbB
Isarpromenade 4
84028 Landshut
Deutschland
www.burgmeier-voelkl.de

Seite 53 ff.
Dritte Haut° Architekten
Peter Garkisch
Bölschestraße 18
12587 Berlin
Deutschland
www.dritte-haut.de

Seite 61 ff.
Frick Architekt ZT GmbH
Bad 70
6870 Reuthe
Österreich
www.frick-architekt.com

Seite 75 ff.
Peter Glöckner Architektur
Daiserstraße 6
81371 München
Deutschland
www.gloeckner-architektur.de

Gallist Architekten GmbH
Winterstraße 4
81543 München
Deutschland
www.gallist-architekten.de

Seite 83 ff.
ab.rm
Gesellschaft für interdisziplinäres
Arbeiten in den Bereichen Architektur, Urbanistik, Design, Kunst
Daniel Albig, Frank Bangert,
Chris Dähne
Kleyerstraße 8
64295 Darmstadt
Deutschland
www.abrm.de

Seite 93 ff.
Dr. Stefan Blum
Büro für Architektur
und Bauforschung
Mühlegraben 15
79271 St. Peter
Deutschland
www.dr-stefan-blum.de

Seite 113 ff.
Richard Kröff
Dipl.-Ing. Architekt
Heisererplatz 14
83512 Wasserburg a. Inn
Deutschland
www.kroeffrichard.de

Seite 125 ff.
Gasser, Derungs
Innenarchitekturen GmbH
Grüngasse 13
8004 Zürich
Schweiz
www.gasserderungs.ch

Seite 135 ff.
Dipl. Ing. Holger Just
Architekt
Comeniusstraße 30 c
01307 Dresden
Deutschland
www.wohnen-im-glashaus.com

Seite 151 ff.
M9 Architekten Senfter + Lanzinger
Maria-Theresien-Straße 9
6020 Innsbruck
Österreich
www.m9-architekten.at

Seite 159 ff.
architektur anders
Polterberg 10
44879 Bochum
Deutschland
www.architektur-anders.de

Seite 171 ff.
Min2 bouw-kunst B.V.
Hoflaan 1
1861 CP Bergen
Postbox 246
860 AE Bergen
Niederlande
www.min2.nl

Weitere Adressen & kooperierende Firmen

Seite 31 ff.
Schellheimer Garten- und Landschaftsbau GmbH
Naturschwimmteiche
Günzacher Straße 17
87499 Wildpoldsried
Deutschland
www.schellheimer.de

Seite 48 + 51 oben rechts/unten
Lehmbau Beuchel
Am Lindenberg 1
Blankenhain
08451 Crimmitschau
Deutschland
www.lehmbau-beuchel.de

Seite 89 ff.
Ludwig Kandlbinder und Andreas Herrmann GbR
Handel mit Gebrauchtmöbeln und Baustoffen
Hilperting 3
83109 Großkarolinenfeld
Deutschland
www.der-kandlbinder.de

Seite 90:
Unternehmerverband Historische Baustoffe e. V.
Dreihäusle 3
78112 St. Georgen
Deutschland
www.historische-baustoffe.de

Seite 93 ff.
Bauberatung, -planung und Ferienhaus
Christa Schmieder
Krautgärten 1f
79112 Freiburg
Deutschland
www.schauberhof.de

Seite 101 ff.
Café Blütezeit
Jenny & Stephan Steinebach
Limburger Straße 153
65611 Brechen/Niederbrechen
Deutschland
www.cafe-blütezeit.de

Seite 109 ff.
Die Werkstaette
Steinmetzbetrieb
Michael Finsterer
Arnikaweg 5
83064 Raubling
Deutschland
www.die-werkstaette.net

Seite 135 ff.
Das Glashaus
Till Garten GmbH
Weixdorfer Straße 23 b
01458 Medingen
Deutschland
www.glashaus-gartenkultur.de

Seite 147 ff.
Climagrün GmbH
Dach- und Fassadenbegrünung
Weingartenweg 43
39100 Bozen/Südtirol
Italien
www.climagruen.de

Seite 179 ff.
Studio Sascha Akkermann
Im Wiesengrund 1
27798 Hude/Wüsting
Deutschland
www.sascha-akkermann.de

AUTORIN UND FOTOGRAF

MELANIE BREUER, geboren im Chiemgau, absolvierte nach ihrer Ausbildung zur Werbekauffrau in Rosenheim ein Studium an der Freien Journalistenschule Berlin. Zu ihren beruflichen Stationen als Redakteurin zählte zunächst das Ressort Sport (u. a. Sueddeutsche.de, Sport1.de, Sky Deutschland). Später entschied sie sich, ihre Hobbys – Architektur und Wohnen – zum Beruf zu machen. Neben der Produktion von Interior-Reportagen und Einrichtungsthemen für den Printbereich war sie auch an der Entwicklung des Wohnmagazins LandIDEE Wohnen & Deko beteiligt, das sie über mehrere Jahre als freie Chefredakteurin betreute. Mittlerweile konzentriert sie sich neben ihrer Autorentätigkeit auf das eigene Redaktionsbüro media moments in München, mit dem sie spannende journalistische Beiträge für Print und TV realisiert: in lebendigen Texten, starken Bildern und ideenreichen Konzepten.

www.media-moments.com

BODO MERTOGLU wuchs in Berlin auf und ist seit über 25 Jahren als freier Fotograf tätig. Nach einer klassischen Lehre bei den renommierten Vogelsänger Studios in Bielefeld und der späteren Leitung der Niederlassung in München machte er sich als Fotograf in den Bereichen Architektur, Interior und People selbstständig. Er arbeitet sowohl für Redaktionen wie auch für Unternehmen. Zu seinen Kunden gehören bekannte Marken wie bulthaup, Gaggenau und Siemens. Für viele seiner Auftraggeber hat er bereits erfolgreich eine eigene Bildsprache entwickelt. Bei seinen Studio- und Location-Produktionen im In- und Ausland beweist er, dass er ein Meister des natürlichen Lichts ist. Bedingt durch seine fotografische Herkunft bevorzugt er einen puren und reduzierten Bildstil, was sich auch in seiner Vorliebe für lebendige Geradheit sowie klare Linien und Formen widerspiegelt.

www.mertoglu.com

DANK

Wir danken allen Hausbesitzern für ihre Gastfreundschaft und tatkräftige Unterstützung, die maßgeblich zur Realisierung dieses Buchs beigetragen haben.

BILDNACHWEIS

Fotos von Bodo Mertoglu

mit Ausnahme von

Seite 33
© Schellheimer Garten-
und Landschaftsbau GmbH

Seite 70 + 73 oben rechts u. unten
© Dorothea Craven
www.dorotheacraven.de

Seite 73 oben links
© Peter Raider
www.peterraider.de

Seite 108
© Dorothea Craven
www.dorotheacraven.de

Seite 111
© Andrea Wimmer
www.andrea-wimmer.com

Seite 146 + 149
© Climagrün GmbH
www.climagruen.de

Seite 188 oben:
© Manfred Baumann
www.manfredbaumann.com

Seite 188 unten:
© Bruno Axhausen
www.brunoaxhausen.com

IMPRESSUM

MIX
Papier aus verantwortungsvollen Quellen
FSC® C112556

Verlagsgruppe Random House
FSC® N001967

1. Auflage

Neumarkter Straße 28
81673 München

Idee, Konzept und Text: © Melanie Breuer,
www.media-moments.com
Grafische Gestaltung und Layout:
Susanne Hermann/DVA
Lektorat: Ute Rather/SeitenWerk
Einbandgestaltung: Sofarobotnik,
Augsburg & München
Fotos Einband: © Bodo Mertoglu,
www.mertoglu.com
Lithografie: Helio Repro, München
Druck und Bindung: DZS Grafik, Slowenien
Dieses Buch wurde auf dem FSC®-
zertifizierten Papier *Tauro* gedruckt.

Printed in Slovenia
ISBN 978-3-421-04076-3
www.dva.de